기독교
사용 설명서
1

종교개혁

세움북스 는 기독교 가치관으로 교회와 성도를 건강하게 세우는 바른 책을 만들어 갑니다.

기독교 사용 설명서 1
종교개혁

초판 1쇄 인쇄 2021년 12월 25일
초판 1쇄 발행 2021년 12월 30일

지은이 | 황대우
펴낸이 | 강인구
펴낸곳 | 세움북스

등 록 | 제2014-000144호
주 소 | 서울시 서대문구 연희로 160 연희회관 3층 302호
전 화 | 02-3144-3500
팩 스 | 02-6008-5712
이메일 | cdgn@daum.net

교 정 | 김태윤
디자인 | 참디자인

ISBN 979-11-91715-21-7 (03230)
 SET 979-11-91715-20-0 (03230)

기독교
사용 설명서

1

종교개혁

황대우
지음

세움북스

목차

독일의 개혁자 마틴 루터가 비텐베르크 성곽교회 문에 면벌부를 반박하는 95개조 대자보를 내 붙인 지 500년을 훌쩍 지나 몇 년이 더 흘러가고 있습니다. 종교개혁은 제도적인 개혁, 도덕적인 개혁에 불과한 것이 아니었습니다. 종교개혁은 예배의 개혁이면서 동시에 교리와 삶의 총체적인 개혁이었습니다. 이 종교개혁이 거대한 로마교회체제와 성도들의 신앙생활을 흔들어 놓았습니다. 하나님을 참되게 예배하기 시작하면서 교인들은 두려움이 아니라 기쁨과 감사 가운데 살아가기 시작했습니다. 그 개혁의 불꽃이 교회만이 아니라 유럽 사회 전체를 새롭게 했습니다. 과연 우리 한국개신교회는 개혁의 그 아름다운 모습을 얼마나 누리고 있을까요?

종교개혁 500주년을 맞아 종교개혁이 교회의 몇몇 악습을 제거한 것이 아니라 총체적인 개혁이었음을 드러내기 위해 『종교개혁자들과의 대화』(SFC출판부) 12권 시리즈를 발간한 바 있습니다. 그 시리즈를 통해 종교개혁이 예배, 교회, 역사, 교육, 가정, 정치, 경제, 문화, 학문, 교리, 과학, 선교를 어떻게 변화시켰는지 살펴 보았습니다. 우리 청소년들이 어떤 영역에서 일하든 하나님의 사람으로 살아갈 수 있다는 것을 보여주려고 했습니다. 이 종교개혁 500주년의 후속 작업이 바로 본 시리즈 『기독교 사용 설명서』입니다. 본 시리즈는 우리 기독교의 근본을 재확인하고, 다시금 개혁의 정신을 되살려 오직 하나님의 영광을 위해 살아가고자 하는 마음으로 기획했습니다.

본 시리즈에서는 기독교를 총 4부로 나누어서 설명합니다. 제1부는 종교개혁, 교회정치, 교회직분입니다. 우리는 종교개혁의 역사를 통해 교회정치와 직분이 어떻게 새로워졌는지를 잘 알아야 합니다. 제2부는 사도신경, 십계명, 주기도문입니다. 개혁자들은 교리문답을 만들었는데 그 교리문답들의 대부분은 이 세 가지를 해설하면서 기독교신앙의 요체를 드러내었습니다. 사도신경은 우리가 믿고 있는 삼위일체 하나님을 고백하는 것이고, 십계명과 주기도문은 우리가 어떻게 감사의 삶을 살아야 하는지를 잘 보여주고 있습니다. 제3부는 공예배, 교회예식, 교회력입니다. 교회는 예배를 위해 부름받았고, 각종 예식을 통해 풍성함을 누리고 교회력을 통해 이 세상에서 그리스도를 누리면서 새로운 시간을 살아갑니다. 마지막 제4부는 혼인, 가정예배, 신자의 생활입니다. 우리는 하나님이 처음부터 제정하신 제도인 혼인을 통해 언약가정을 이루고 가정에서 예배하면서 기독교인으로서 이 세상을 살아갑니다.

그동안 덮어놓고 믿었던 것이 교회의 쇠퇴와 신앙의 배도에까지 이르고 있습니다. 코로나시대에 함께 모여 예배하고 교제하는 것이 힘들어졌지만 기독교신앙에 대해 치열하게 학습할 수 있는 절호의 기회입니다. 우리가 무엇을 믿는지, 어떻게 살아야 하는지 근본에서부터 잘 학습해야 하겠습니다. 각 세 권씩으로 구성된 총 4부의 『기독교 사용 설명서』를 통해 우리 기독교와 교회의 자태를 확인하고 누릴 수 있기를 바랍니다. 12권 시리즈로 기획했기에 매월 한 권씩 함께 읽으면서 공부하고 토론하기에 좋을 것입니다. 기존 신자들 뿐만 아니라 자라나는 우리 청소년과 청년들이 이 시리즈를 통해 기독교의 요체를 확인하고 믿음의 사람들로 든든히 서서 교회를 잘 세우면서 이 세상에서 담대하게 살아갈 수 있기를 바랍니다. 교회를 세우기 위해 가르치면서 해당 주제를 잘 집필해 주신 집필자들의 수고에 감사를 드리고, 이 시리즈 기획을 흔쾌히 받아 출간하는 세움북스 강인구대표께 진심으로 감사를 드립니다.

2021년 11월
개혁교회건설연구소

16세기 종교개혁은 단순히 교회개혁으로 정의할 수 없는 유럽의 '기독교 세계'(Corpus Christianorum totum) 즉 '기독교 사회'(Societas Christiana) 전체를 뒤흔드는 사건입니다. 토마스 쿤(Thomas Kuhn. 1922-1996)의 과학 용어로 표현하면 종교개혁은 '판도변화'(the paradigm shifted)입니다. 그래서 16세기 종교개혁을 교회사의 수많은 개혁 사건과 구별하기 위하여 '개혁'을 의미하는 라틴어 단어 '레포르마티오'(*Reformatio*)의 첫 알파벳을 대문자로 표기합니다.

본서는 「기독교보」에 1년간 연재된 글을 모은 것이므로 종교개혁의 의미를 상세하게 설명하지 못하는 한계가 있지만, 이 글을 통해 종교개혁이 발생한 16세기 유럽의 분위기가 어떠했으며 오늘날 우리에게 익숙한 교회제도는 또 어떻게 시작되었는지 알 수 있으리라고 기대합니다. 본서는 종교개혁을 루터가 1517년 10월 31일에 일으킨 사건으로 소개하기보다는 오히려 1517년에는 루터에게 종교개혁을 하려는 의도가 전혀 없었다고 단정함으로써 종교개혁에 대한 새로운 시각을 드러내려 합니다.

본서는 16세기 종교개혁이나 당시의 종교개혁자들을 충분히 이해할 수 있는 해설서나 안내서는 아니지만, 잘 알려지지 않은 종교개혁의 몇 가지 요소들을 간략하게 소개하는 책입니다. 예를 들면, 인문주의자 에라스무스(Erasmus. 1446?-1536)가 최초로 본문비평으로 편집한 헬라어 신약성경(1516)과 '오직 성경'(*Sola Scriptura*)이라는 종교개혁의 원리 사이에 어떤 연관이 있는지, 장로교의 발생 기원과 제도적 특징은 무엇인지 등 종교교혁에 대한 기본적인 이해를 돕는 정보를 제공하고 있습니다.

본서는 일반적인 '종교개혁사'라기보다는 '장로교회와 개혁교회'를 좀 더 집중적으로 다룹니다. 예를 들면, 개혁교회와 장로교회의 직분, 교회치리회, 신학교, 사회복지제도 등과 같은 주제들을 이해하기 쉽도록 설명합니다. 그리고 16세기 정치권력의 문제와 종교개혁의 관계에 대해서도 언급합니다. 그뿐만 아니라 종교개혁에 대해 오해하고 있는 요소들, 즉 유아세례를 부인하는 재세례파의 등장이 종교개혁 운동에 끼친 영향과 이신칭의 개념에 대한 오해의 결과 등의 문제를 다루기도 합니다.

아무쪼록 본서를 통해 종교개혁이란 무엇이며 왜 발생하게 되었는지, 장로교회의 기원이 무엇이며 장로교회와 개혁교회의 제도적 특징이 무엇인지 등과 같은 궁금증이 조금이라도 해결될 수 있기를 간절히 바랍니다. 본서 내용 중에는 이전에 필자가 발표 투고한 논문을 요약해서 정리한 글도 포함되어 있음을 양해(諒解)해주시면 감사하겠습니다.

제1장
루터의 종교개혁과 성경

제1장
루터의 종교개혁과 성경

종교개혁이란 무엇인가?

2017년은 종교개혁이 일어난 지 500주년이 되는 해입니다. 종교개혁에 빚을 많이 진 국가와 도시는 종교개혁 500주년을 맞이하기 위해 분주합니다. 하지만 머나먼 유럽에서, 그것도 500년 전에 일어난 타국의 역사적 사건이 대한민국에서 살아가는 오늘 우리 그리스도인에게는 어떤 의미가 있는 것일까요? 우리의 신앙적 정체성이 개신교에서 기원한 것이고, 그래서 우리가 '개신교 신자'라고 불린다면 500년 전 유럽에서 일어난 종교개혁은 오늘 우리에게도 분명 유의미한 사건일 뿐만 아니라 의미심장한 사건으로 재인

식되어야 합니다.

16세기 '종교개혁'의 중심에는 종교개혁자들이 있습니다. 당시 재세례파와 개혁의 의지를 가진 로마교도들은 20세기 전까지 종교개혁자로 분류되지 않았는데, 이것은 주류 종교개혁자들이 이들을 배제했기 때문입니다. 이것을 빌미로 재세례파 역사가들을 비롯한 몇몇 역사가들은 16세기 종교개혁을 '불완전한 개혁'이나 '실패한 개혁'으로 평가하기도 합니다. 하지만 이런 평가는 16세기 종교개혁이 단순히 특정 지역만의 사건이라든가 특정 계층이나 단체만의 사건 정도가 아닌, 유럽 사회 전체의 사건, 즉 세계사적 사건이라는 방증이기도 합니다.

종교개혁은 당시 인문주의운동과도 구분되어야 합니다. 대부분의 종교개혁자들이 인문주의자들에게서 배우고 그들의 영향을 받은 것은 사실이지만 종교개혁과 인문주의가 한 배를 탄 것은 아닙니다. 왜냐하면 종교개혁자들이 로마가톨릭교회라는 알을 깨고 새로운 생명으로 거듭날 때, 인문주의자들은 이러한 부화를 거부하고 로마가톨릭과 함께 남아 있는 길을 선택했기 때문입니다. 부화 사건, 즉 종교개혁이라 불리는 16세기 역사전환기적 사건이 그 둘 사이를 확실하게 갈라놓았습니다. 인문주의자들은 당대의 타락상과 부조리들을 글로 풍자하고 비난하는 수준에 그쳤지만, 종교개혁자들은 그것들을 개혁하기 위해 그들의 인생 전부를 걸었던 것입니다. 종교개혁은 개신교의 뿌리입니다. 종교개혁을 모르고서는 개신교 신앙의 정체성을 알기 어렵습니다. 종교개혁은 진정한 그리스도인이 하나님의 말씀에 따라 사랑과 정의의 정신으로 자기 자신뿐만 아니라 교회 전체, 나아가 기독교 사회와 국가 전체를 개혁하기 위해 목숨을 건 운동이라고 이해할 수 있습니다. 오늘 우리는 때론 자신을 말씀 앞에 바로 세우는 일조차 버거워합니다. 그래서 전체 교회를 개혁하거나 기독교 사회가 아닌 종교다원적인 사회를 개혁한다는 것은 꿈같은 일이 되어버렸습니다. 그럼에도 불구하고 우리는 우리 자신의 영적인 모습을 들여다 볼 수 있는 성경을 통해 스스로 반성하고 개혁하는 일을 멈추지 말아야 할 것입니다.

　말씀의 거울에 나타난 자신의 더러워진 얼굴을 보고도 씻지 않는다면 거울은 그에게 더 이상 아무런 의미가 없습니다. 모든 개혁의 첫 대상은 바로 자기 자신입니다. 자신을 말씀의 거울 앞에 부지런히 세울 때 하나님의 개혁은 이미 시작된 것입니다. 자신을 말씀에 맡길 때 말씀은 놀라운 능력으로 개혁을 이루어갑니다. 종교개혁은 하나님을 통한 인간의 일이 아니라 인간을 통한 하나님의 일입니다. 종교 개혁자들은 하나님의 개혁을 위해 잘 준비된 도구들이었습니다.

종교개혁의 가장 귀한 유산은 하나님의 말씀의 권위가 세워졌다는 것입니다. 종교개혁자들은 성경을 눈으로 볼 수 있는 하나님의 말씀으로, 설교를 귀로 들을 수 있는 하나님의 말씀으로 이해했습니다. 그런데 오늘날 교회에서 이러한 말씀의 권위와 능력은 점차 사라지고, 대신 인간의 공로와 자랑만 남았습니다. 구원하시는 하나님에 관한 이야기에는 관심이 없고, 성공한 사람에 관한 이야기에는 열광합니다. 분명 성경은 하나님이 기뻐하시고 즐거워하시는 십자가의 길을 가르치는데, 타락한 교회는 중세뿐만 아니라 언제나 세상적인 성공과 인간의 영광만을 원합니다. 오늘 우리 교회는 과연 무엇을 찾고 있습니까? 우리 신앙의 정체성과 현주소를 알기 위해서라도 종교개혁의 정신을 다시 한번 배우고 되새길 필요가 있습니다.

1516년 에라스무스의 헬라어 신약성경(1)

에라스무스(Erasmus)는 네덜란드 로테르담(Rotterdam) 출신의 기독교 인문주의자로 유명합니다. 루터가 비텐베르크성 교회의 문에 95개 조항의 토론문을 붙였다고 알려져 종교개혁의 해로 지정된 1517년보다 한 해 전인 1516년에만 50세의 에라스무스는 스위스 바젤에 있는 요한 프로벤(Johann Froben) 인쇄소를 통해 자신의 신약성경을 헬라어로 편집, 출간했습니다. 그는 비록 루터와 달리 전문적인 신학자가 아니었음에도 불구하고 헬라어 신약성경 편집 출간을 통해 신학 연구의 중심인물로 급부상했습니다.

이 헬라어 신약성경은 1516년 초판 이후 1519년, 1522년, 1527년, 1535년 등 그가 죽기 1년 전까지 꾸준히 개정판이 출간되었습니다. 초판은 교황 레오(Leo) 10세에게 헌정되었습니다. 레오 10세는 그에게 이 신약성경을 칭찬하는 내용의 편지를 1518년에 보냈습니다. 이 편지는 재판부터 최종판까지 책머리에 첨부 되었습니다. 루터가 1522년 바르트부르크 성에서 숨어 지내면서 번역한 독일어 신약성경에 참고한 성경 원문은 에라스무스가 편집한 헬라어 신약성경의 1519년 재판이었습니다. 1522년의 제3판은 틴들

(Tyndale)이 번역한 최초의 신약영어성경에 사용되었고, 또한 스테파누스(Robert Stephanus)성경 편집본의 기초가 되었는데, 이 스테파누스 편집본은 제네바성경과 킹제임스성경의 영어번역에 활용되었습니다. 1527년의 제4판은 헬라어 원문과 불가타 라틴어 역본 및 에라스무스 자신이 번역한 라틴어 번역을 대조한 대조본으로 출간되었고, 1535년의 제5판은 제4판과 유사했으나, 불가타 라틴어 역본이 본문에서 빠졌습니다.

1516년 초판부터 제3판까지 계시록의 마지막 여섯 장은 에라스무스가 라틴어인 불가타성경에서 헬라어로 직접 번역한 본문으로 수록되었으나, 제4판에서는 「콤플루툼 대조성경」(Biblia Polyglotta Complutense)의 헬라어 본문으로 대체되었습니다. 구약과 신약이 모두 포함된 「콤플루툼 대조성경」은 사실상 1514년에 완성되고 인쇄되었습니다. 하지만 이것은 1520년에야 비로소 교황의 재가를 받아 출간되었으므로 에라스무스의 신약성경보다 4년이나 늦게 세상의 빛을 보게 되었습니다. 이 대조성경은 모두 6권으로 구성되어 있는데, 스페인 마드리드 인근의 도시 콤플루툼(Complutum)에 있는 대학에서 편집 출간되었기 때문에 그와 같은 이름이 붙었습니다. 첫 네 권은 구약 본문으로 히브리어와 불가타(라틴어)와 70인역(헬라어) 순으로 대조되어 있고, 모세오경의 본문 하단에는 자체 라틴어 번역과 아람어 본문(탈굼역본)이 첨가되어 있습니다. 제5권은 신약 본문으로 헬라어와 불가타 라틴어가 대조되어 있고, 제6권은 참고 자료로 여러 가지 사전들 즉 히브리어, 아람어, 헬라어 사전들이 들어 있습니다.

에라스무스 자신의 간단한 주해가 첨부된 헬라어 신약성경이 1516년에 출간된 이후, 천주교의 스콜라 신학자들은 대체로 이를 강력히 반대했습니다. 그들은 모두 에라스무스의 번역과 주해를 문제 삼았습니다. 그들은 중세교회 1,000년의 역사를 지켜온 교부 히에로니무스(Hieronymus)의 불가타성경(라틴어 번역)이 훨씬 우수한 번역이라고 주장했을 뿐만 아니라, 성경해석의 권한이 전체 교회의 모든 성도가 아니라 신학자들에게만 부여된 것이라고 주장했습니다. 이런 주장에 의하면 에라스무스는 신학을 전공한 전문 신학자가 아니었기 때문에 성경을 번역할 권한도 주해할 권한도 없다는 것입니다. 에라스무스와 같은 신학적으로 전문가가 아닌 사람이 성경을 번역하고 주해할 경우 기독교 신앙에 심각하고 유해한 혼란만 초래된다는 것이 그들의 주된 반대 이유였습니다.

중세 전통에 따르면 성경해석의 권리는 오직 신학자에게만 있는 것입니다. 그래서 스콜라 신학자들은 당당하게 성경을 신학자만의 전유물로 주장할 수 있었습니다. 신학자에게만 성경을 읽고 번역하고 주해할 권리가 주어졌다는 것이 중세 사상입니다. 루터도 역시 이러한 전통에 근거하여 자신의 신분을 신학박사, 즉 성경을 해석할 권리를 가진 신학자로 공공연하게 주장할 수 있었습니다. 종교개혁은 성경해석의 권리와 관련하여 잘못된 중세 전통을 바로잡았습니다. 즉 신학자의 전유물이었던 성경을 모든 성도에게 되돌려주었습니다. 종교개혁을 통해 비로소 성경을 읽고 해석할 권리가 모든 그리스도인 각자에게 있다는 사실이 밝혀졌습니다. 그리고 이 위대한 개혁은 인문주의자 에라스무스가 편집한 헬라어 신약성경에서 이미 잉태되었던 것입니다. 이제 성경은 신학자만의 전유물이 아닌, 모든 성도 각자의 소유가 되었다. 결국 이것은 '모든 그리스도인은 제사장이다!'라는 만인제사장 논의와 상통합니다.

중세의 모든 교회가 수용한 유일한 성경은 '불가타' (Vulgata)라고 불리는 라틴어 번역 성경이었습니다. '불가타' 라는 말은 '일반적인, 대중적인, 평범한' 등의 뜻이고, 영어 로는 '벌게이트'라고 읽습니다. 그리고 하나님의 말씀인 성 경은 중세 내내 신학자의 전유물이었습니다. 교황은 최고 의 신학자요 그리스도의 지상 대리자였으므로 최종적인 최 고의 성경해석자로 간주되었습니다. 즉 성경해석의 절대자 였습니다. 재미있는 사실은 로마교의 스콜라 신학자들뿐 만 아니라 종교개혁자들까지도 성경 다음으로 권위 있는 성 경해석자로는 아프리카 북부 도시 히포의 아우구스티누스 (Augustinus)를 꼽았습니다.

하지만 천주교 학자들과 달리 종교개혁자들은 아우구스 티누스를 성경해석을 위한 최고의 권위자로 여기지 않았을 뿐만 아니라 그의 해석이 성경 전체의 통일성에 벗어난다고 판단될 경우에는 과감하게 비판하기도 했습니다. 이런 비 판이 가능했던 이유는 종교개혁자들이 취한 최고의 최종적 인 권위는 오직 성경뿐이었기 때문입니다. 반면에 스콜라 신학자들은 로마교가 '교부' 즉 '교회의 아버지'로 인정한 아우구스티누스의 성경해석을 쉽게 비판할 수 없었는데, 그 이유는 성경의 권위가 '전통'의 권위 속에 한정되었기 때문입니다. 성경이 신학자의 전유물이라는 주장도 역시 로마교의 전통에 속한 것이었습니다.

1516년 에라스무스가 최초로 헬라어 신약성경 편집 출간한 것은 성경의 권위를 교회의 전통으로부터 해방시키고 성경해석의 권리를 신학자의 손에서 전체 교회로 옮긴 사건이었습니다. 에라스무스는 성직자가 아닌 일반 신자들도 성경을 가까이 해야 한다고 보았습니다. 그래서 그는 한 편지에서 이렇게 말했습니다. '나는 거룩한 책이 평범한 사람들에 의해 백성의 언어로 읽히는 것을 원하지 않는 사람들에 대해 결코 동의할 수 없다. 마치 그리스도께서 아주 혼란스러운 것을 가르쳐서 몇몇 신학자들만이 겨우 이해할 수 있다거나, 배우지 못한 자들로부터 기독교가 보호되어야 한다는 식의 사고방식은 잘못된 것이다. 아마도 왕의 비밀은 밝혀지지 않는 편이 나을지도 모른다. 하지만 그리스도께서는 자신의 비밀이 최대한 널리 확장되기를 원하신다. 나는 소녀들조차도 모두 복음서를 읽고, 사도 바울의 서신들을 읽을 수 있으면 좋겠다. 만약 이 성경이 모든 사람의 모든 언어로 번역되었더라면 스코틀랜드 사람과 아일랜드 사람뿐만 아니라 터키 사람과 사라센 사람까지도 성경을 읽고 배울 수 있을 것이다.'

성경을 만인을 위한 생명의 책으로 규정하고 그 책이 세계 모든 민족의 언어로 번역되기를 염원한 에라스무스의 소망은 16세기 종교개혁을 통해 꽃을 피우기 시작했습니다. 루터가 번역한 독일어 성경을 비롯하여 유럽 각국에서는 자국어 번역 성경이 봇물처럼 등장한 세기였습니다. 심지어 신약성경이 유대인을 위한 히브리어로 번역된 일도 일어났습니다. 전통적인 로마가톨릭교회가 분명 자신의 길과 달랐음에도 불구하고 에라스무스는 종교개혁이라는 새로운 운동에 합류하지 못하고 그 전통 속에 남아 있었던 것은 역설적입니다. 또한 그가 성경과 관련하여 이루어지기를 소망한 꿈들이 에라스무스 자신을 통해서 이루어지지 못하고 그의 영향을 받은 종교개혁자들에 의해 이루어졌다는 사실도 역설적입니다. 뿐만 아니라 성경을 바르게 읽기 위해서는 성경 원어 학습의 중요성을 역설한 에라스무스의 열정도 역시 종교개혁에 의해 실현되기 시작했습니다.

중세 신학자들은 라틴어만으로도 신학박사가 될 수 있었

지만, 종교개혁 이후에는 신학교에서 성경언어의 중요성을 강조되면서 개혁교회에서는 20세기 초반까지 성경언어에 능통하지 않으면 신학박사는 말할 것도 없고 목사조차 되기 어려웠습니다. 오늘날은 성경해석을 위한 참고 자료들과 주석들이 너무 많아서 그런지 신학교에서 성경원어 교육이 차지하는 자리는 점점 사라져가고 있고, 반면에 목회 현장에 곧바로 적용 가능한 목회 관련 과목들은 인기가 높기 때문에 점점 많아지고 다양화되는 실정입니다. 또한 목사는 '말씀의 종' 즉 '설교자'이고, 따라서 목회 사역의 가장 중요한 일은 설교임에도 불구하고 목회 현장에서 설교의 중요성은 점점 미미해져 가고 있습니다. 안타까운 현실입니다. 말씀의 바른 이해와 적용, 바로 이것을 위해 종교개혁이 일어났습니다. 따라서 성경에 대한 올바른 해석과 적용을 논하지 않고는 종교개혁을 바르게 이해할 수 없습니다. 이것이 곧 '오직 성경'의 원리입니다.

종교개혁이란 1517년에 루터가 일으킨 역사적 사건인가?

종교개혁은 중세 말기에 서구 유럽이 유일한 종교로 인

식하고 있던 기독교의 개혁을 의미합니다. 그러므로 종교개혁이란 단순히 교회만의 개혁이 아니라, 16세기 당시 서구 유럽의 기독교 세계 전체의 개혁입니다. 이 개혁을 단순히 기독교의 정체성에 제한한다면 종교개혁은 기독교 교리의 개혁인 동시에 기독교 제도의 개혁, 즉 신앙적 전통과 관습에 대한 총체적 개혁이었습니다. 그렇다면 과연 이러한 종교개혁은 어떻게 발생한 것이며, 누가 일으킨 것일까요?

종교개혁을 조금이라도 아는 사람이라면 아마도 이렇게 대답할지 모릅니다. '교황의 전횡과 당시 로마교의 타락에 대항하기 위해 마르틴 루터라는 인물이 용감하게 일어나 1517년 10월 31일에 95개의 면죄부 반박문을 비텐베르크(Wittenberg) 성(城) 교회 정문에 붙인 사건이 곧 종교개혁의 시작이었다. 그러므로 종교개혁을 일으킨 인물은 루터다.' 이 대답은 종교개혁을 의로운 일, 반드시 필요한 일이었다고 인식하는 사람들을 만족시키고 흥분시키기에 충분합니다. 하지만 엄밀한 의미에서 올바른 대답은 아닙니다.

루터가 면죄부를 비판한 95개 조항의 글을 내걸 때만해도 그는 종교개혁과 같은 사건을 전혀 의도하지 않았습니다. 95개 조항의 게재 사건, 즉 루터의 그러한 행동은 당시 신학교수의 관행 따른 것뿐이었습니다. 교수라면 누구나 자신이 성경을 통해 새롭게 깨달은 말씀을 공개토론에 붙일 수 있었기 때문입니다. 신학교수의 공개토론 제안은 당시 성경적으로 무엇이 옳고 그른지 판단하는 보편적인 관행이었고, 루터는 바로 이러한 관행을 이용했을 뿐입니다.

루터는 1502년에 설립된 비텐베르크 대학의 성경 교수였고, 성경을 연구하고 가르치면서 면죄부 교리와 면죄부 판매가 성경 어디에도 그 근거를 찾아볼 수 없다는 사실을 발견했던 것입니다. 이와 같은 자신의 발견이 참인지 아닌지를 검증하기 위해 면죄부에 관한 자신의 생각을 「95개 조항」으로 정리하고 작성하여 공개적인 장소에 붙인 것이 바로 1517년 10월의 마지막 날에 일어난 「95개 조항」 게재 사건입니다. 그러므로 「95개 조항」은 '반박문'이 아닌, '토론문'이었습니다.

16세기에 11월 1일은 만성절, 즉 가장 큰 기독교 축일 가운데 하나로 모든 성인을 기념하는 날이었습니다. 만성절은 성인들의 유물을 찾는 방문객과 순례자들로 붐비는 날인데, 마침 당시 비텐베르크는 성인들의 유물을 많이 모아 둔 도시 가운데 하나로 유명했습니다. 아마도 루터는 이때가 공개토론의 적기라고 생각했는지 모릅니다. 아무튼 '95개 조항 게재 사건'은 만성절 하루 전날인 1517년 10월 마지막 날에 발생했던 것으로 전해집니다.

루터는 과연 종교개혁을 위해 95개 조항의 토론문을 공개했을까요? 루터가 공개토론을 제안한 것은 자신의 깨달음이 당시 로마교의 가르침보다 더 성경적이라는 확신에서 비롯된 평범한 행동이었습니다. 그것이 종교개혁이라는 엄청난 사건, 세계 역사의 페러다임(paradigm)을 바꾸는 역사적 사건이 되리라고는 상상조차 할 수 없었습니다. 그러므로 종교개혁은 확실히 루터가 전혀 의도하지 않았던 사건이었습니다.

물론 종교개혁이 루터를 통해 일어난 사건이라는 사실을 부인할 사람은 아무도 없습니다. 그래서 중세와 종교개혁 분야의 세계적인 네덜란드 역사학자 헤이코 오버르만(Heiko Oberman)은 루터와 루터의 종교개혁을 매우 적절하게 다음과 같이 서술했습니다. '루터는 자신을 개혁가라고 말한 적도 없고, 자신의 일을 종교개혁으로 표현한 것처럼 보인 적도 없다. 이런 용어 사용은 개혁이란 하나님의 궁극적 행동이었다는 사실과 부합한다.' 여기서 오버르만은 '종교개혁'

을 '하나님의 궁극적 행동'으로 정의했습니다. 이것은 종교 개혁이란 인간의 일이 아닌, 하나님의 일이라는 뜻입니다.

위대한 종교개혁자 루터 자신도 개혁에 대해 이렇게 설파했습니다.

> '교회는 개혁을 필요로 합니다.……그러나 개혁은 한 사람, 즉 교황의 일이라거나 혹은 많은 사람들, 즉 추기경들의 일이 아닌데, 이 둘 다 가장 최근의 교회공회에서 증명되었습니다. 반대로 개혁은 기독교 세계 전체의 사역입니다. 그렇습니다. 그것은 하나님 한 분만의 사역입니다.'

오버르만의 평가뿐만 아니라 루터 자신의 말에서도 알 수 있는 것처럼 교회의 개혁, 신앙의 개혁, 나아가 기독교 세계 전체의 개혁인 종교개혁은 결코 한 위대한 인간이나 뛰어난 집단에 의해 이루어진 사건이 아니라 오직 삼위 하나님 자신이 계획하고 의도하신 대로 그분 자신에 의해 이루어진 역사적 사건이었습니다. 하나님의 위대한 일을 위해 루터가 첫 단추를 끼운 첫 종교개혁자였다면, 다른 개혁자들은 나머지 단추를 끼운 동료들이었습니다. 그러므로 모든 종교개혁자들은 하나님께서 자신의 일인 종교개혁을 완수하시기 위해 친히 부르신 동역자들이었습니다.

루터의 95개 논제와 로마교회의 면죄부

루터의 「95개 논제」가 폭발적인 위력을 발휘하기 시작한 것은 사실상 비텐베르크 성 교회의 정문에 붙여졌다고 알려진 1517년 10월 31일이라기보다는, 오히려 11월 11일부터였습니다. 11월 11일은 루터가 라틴어로 작성한 「95개 논제」를 자신의 동료들에게 본격적으로 보내기 시작한 날이었습니다. 그것이 라틴어로 작성되었다는 것은 일반 신도가 아닌, 신학 전문가들만을 위한 학술적인 논제라는 뜻입니다. 루터가 11월 11일에 보낸 편지는 2통이 남아 있는데, 수신자는 루터의 추종자요 동료 신학자 요한 랑(Johann Lang)과 작센의 선제후 현자 프리드리히 3세의 비서겸 궁정 설교자 게오르크 슈팔라틴(Georg(e) Spalatin)이었습니다. 특히 슈팔라틴은 루터와 작센의 선제후들 사이에 결정적으로 중요한 중재 역할을 담당한 인물이었으므로, 슈팔라틴과 루터의 관계를 모르고는 루터의 종교개혁을 제대로 이해하기 어려울 정도입니다.

아무튼 이 날 이후로 95개 논제는 인쇄되어 몇 주 만에 독일 전역에 퍼졌는데, 당대의 한 역사가에 의하면 '마치 천사가 스스로 전달자가 된 것처럼' 빠르게 유포되었습니다. 이 논제가 알려진 기간에 대해, 먼 훗날 루터는 단지 2주에 불과했던 것으로 회고했습니다. 사실 루터는 자신이 그런 방식으로 유명해지는 것을 반기지 않았습니다. 이유는 자신의 의도와 달리, 당시 유명했던 로마교 신학자들에 의해 자신이 이단으로 정죄되는 엉뚱한 방향으로 일이 진행되었기 때문입니다.

루터가 제시한 「95개 논제」가 왜 그렇게 뜨거운 감자가 되었던 것일까요? 단기간에 주목을 받았던 이유는 그 논제가 당시 유럽 전역에서 성행하고 있던 면죄부 판매에 관한 비판적 내용들로 채워져 있었기 때문입니다. 면죄부(Indulgentia) 혹은 면벌부라고 하는 것은 죄 혹은 벌을 면제해주는 증명서를 의미합니다. 이것은 교황이 그리스도의 지상 대리자이므로 하나님을 대신하여 사람의 죄를 용서해줄 수 있는 사면권을 가지고 있다는 중세 로마교회의 엉터리 교리에 근거한 것이었습니다. 로마교회는 이런 엉터리 교리를 또 다른 비성경적인 연옥 교리와 공로 사상과 결합함으로써 마치 면죄부 판매가 정당한 것처럼 위장했습니다. 그래서 16세기 사람들은 로마교황의 이름으로 판매되는 면죄부에 대해 아무런 교리적 문제의식도 없었습니다. 게다가 로마교회는 중세시대에 설치한 종교재판소를 통해 이단의 낌새만 있어도 마구잡이로 잡아들여 처형을 일삼는 마녀사냥에 익숙했습니다.

이런 살벌한 상황에서 혹여 면죄부 판매에 대한 문제의식을 가지고 있다 한들 누가 감히 로마교황의 권위에 맞서 도전할 엄두를 낼 수 있었겠습니까? 한마디로 고양이 목에 방울 달 사람은 없었습니다. 그런데 루터가 전혀 의도치 않게 부지불식간에 고양이 목에 방울을 달아버린 것입니다. 그는 자신의 논제가 널리 유포되는 것을 결코 반기지 않았지만, 자신도 미처 깨닫지 못한 사이에 손에 쥐어진 주사위를 아무 생각 없이 힘차게 던진 복음의 용사가 되어 있었습니다. 무심코 제기된 루터의「95개 논제」는 어느새 로마교회라는 거대한 산을 몽땅 태워버릴 불씨가 되었습니다.「95개 논제」에서 그는 다음과 같이 주장했습니다.

'21항. 교황의 면죄부에 의해 인간이 모든 형벌로부터 사면되고 구원받는다고 외치는 면죄부 설교자들은 오류를 범

33
제1장 루터의 종교개혁과 성경

하고 있다. 22항. 더욱이 연옥에 있는 영혼들이 이생에서 교회법에 따라 사면되어야만 했던 그 어떤 것도 교황은 탕감하지 못한다. 33항. 교황의 사면이 인간을 하나님과 화해시키는 측량할 수 없는 하나님의 선물이라고 말하는 자들을 각별히 경계해야 한다. 37항. 참된 그리스도인은 산 자든 죽은 자든 누구나 그리스도와 교회의 모든 선한 것들에 참여하되, 또한 [교황의] 사면장 없이 하나님 자신에 의해서만 참여하게 되는 것이다." 교황의 권위로 발부되는 면죄부 판매에 대한 루터의 비판은 매우 단호하고 강경했습니다. "52항. 비록 [교황의 위임장을 가진] 대리인이, 심지어 교황 자신이 자신의 영혼을 담보로 그것을(=사면장을) 보증한다 할지라도, 사면장을 통한 구원의 확신은 헛된 것이다.' 루터에게 복음 외에 다른 어떤 것도 구원의 확신의 근거가 될 수 없었습니다. 루터의 눈에는 면죄부 판매가 단순히 돈을 긁어모으는 최상의 수단에 불과했습니다.

진리 탐구에 사로잡혔던 루터는 자신의 발상이 교황이나 교황청 입장에서 얼마나 당황스럽고 발칙한 것일지 전혀 예상하지 못했습니다. 이것을 고려할 정도로 그가 명민했더라면, 아마도 「95개 논제」와 같은 '혁명적인 발상'은 공개되지 않았을 것입니다. 루터는 자신의 「95개 논제」가 세상에 알려졌을 때, 뜻밖에도 여러 천주교 신학자들로부터 집중 포화를 받았기 때문에 서둘러 『95개 논제 해설』을 작성하여 '교황 레오 10세에게 드리는 글'이라는 부제로 출판함으로써 자신의 입장을 변호했습니다. 여기서 루터는 교회나 교황의 권위에 도전하거나 대적할 의도가 전혀 없었음을 아주 분명하게 밝히고 선언했습니다.

하지만 이미 하나님께서 루터라는 지렛대를 통해 위대한 종교개혁의 수레바퀴를 돌리기 시작하셨기 때문에 아무도 그것을 멈추어 서게 할 수 없었습니다. 심지어 루터 자신일지라도!

멈출 수 없는 종교개혁의 수레바퀴

루터의 「95개 논제」가 공개되자마자 세상은 루터를 성토하는 벌떼 소리로 윙윙거리기 시작했습니다. 루터가 원했던 토론이 본격적으로 시작되었습니다. 하지만 토론은 루터의 의도와 다른 방향으로 흘러갔습니다. 루터는 성경을 근거로 옳고 그름을 판단하는 토론을 의도했지만, 실제 토론은 전통에 근거하여 루터를 정죄하고 이단시하는 방향으로 빠르게 진행되었습니다. 여기저기서 루터를 비판하고 정죄하는 개인들의 글이 속출했을 뿐만 아니라, 루터를 불러 그의 견해를 듣고 판단하기를 원하는 토론의 장도 열리기 시작했습니다. 하지만 루터를 비판하는 어떤 유능한 학자도, 루터를 정죄하는 어떤 논쟁도 이미 시작된 종교개혁의 수레바퀴를 멈추어 서게 할 수는 없었습니다.

제일 먼저, 루터는 엄격한 아우구스티누스수도원 소속이었기 때문에 그의 사상적 문제를 해결하기 위해 수도원 종단의 총회가 소집되었습니다. 이것이 1518년 4월 26일에 개최된 저 유명한 '하이델베르크 논쟁'입니다. 독일 남부 팔츠(Paltz)의 수도 하이델베르크에 있는 아우구스티누스수도원에서 열린 이 토론회에서 루터는 '십자가의 신학'(theologia crucis)이라 불리는 '스콜라주의자들의 글에 대한 반박문'을 발표했습니다. 여기서 루터가 고민한 십자가 신학이란 먼저 자신에 대해 철저하게 절망하지 않고서는 누구도 그리스도의 은혜를 받을 수 없고, 그리스도의 고난과 십자가를 통하지 않고서는 결코 하나님과 하나님의 사역을 바르게 알 수 없다는 인식론적인 문제가 핵심이었습니다.

루터가 보기에는 바른 인식의 선행(先行) 없이는 어떤 선행(善行)도 무의미한 것이었습니다. 그리고 이러한 바른 인식은 믿음과 직결되는 것이요, 의인이 되는 첩경이었습니다. "25항. 의인이란 많은 것을 행하는 그런 사람이 아니라, 어떤 행위 없이도 철저하게 그리스도를 믿는 그런 사람이다. 26항. 율법은 '이것을 행하라!'고 말하는데, 아무것도 발생하지 않는다. 은혜는 '이것을 믿어라!'고 말하는데, 이미 모든 것이 이루어졌다." 루터에게 그리스도를 믿는 믿음의 문제는 그리스도의 고난과 십자가에 대한 올바른 인식의 문제였습니다. 이것은 의인이 되고 구원을 받는 것이 율법의 행위에서가 아니라, 오직 은혜의 믿음에서 비롯된다는 주장이었습니다. 즉 중세 로마교회의 공로 사상은 거짓이요, 이신칭의 교리야말로 진정한 성경적 가르침이라는 것이었습니다.

하이델베르크 논쟁에서 설파한 루터의 십자가 신학은 당시 많은 젊은 학자들을 종교개혁으로 인도한 획기적인 사건이었는데, 스트라스부르의 종교개혁자 마르틴 부서(Martin Bucer), 뷔르템베르크의 루터파 종교개혁자 요하네스 브렌츠(Johannes Brenz)와 에르하르트 쉬네프(Erhard Schnepf), 그리고 『독일 연대기』의 저자 재세례파 세바스티안 프랑크

(Sebastian Franck) 등이 그들이었습니다.

이 논쟁 이후 몇 개월이 지나지 않아 도미티칸수도회의 총회장 카예탄(Thomas Cajetan)의 활약으로 루터는 로마에서 "악명 높은 이단", "불법의 아들"로 선언되었습니다. 급기야 8월 23일자 서신을 통해 교황 레오 10세(Leo X)는 카예탄을 교황의 특사로 임명하고 그에게 루터를 당장 체포하도록 명령했습니다. 추기경 카예탄은 루터를 아우크스부르크로 소환하여 심문했습니다. 최종적으로 카예탄은 루터에게 그의 잘못을 인정하고 철회할 것을 명령했습니다. 루터가 이 자리에서 '나는 철회합니다'라는 하나의 라틴어 단어 '레보코'(Revoco)를 외쳤더라면 파문을 면할 수 있었을 것입니다. 하지만 루터는 자신의 잘못을 인정하지도, 철회할 생각도 없었습니다. 루터는 자신에 대한 교황의 체포명령이 떨어졌다는 사실을 알고 도망가기로 결심했습니다.

그런데 참으로 특이한 일이 벌어졌습니다. 그것은 루터가 도망가지도 체포되지도 않았던 것입니다. 이유는 당시 정치적인 상황이 급변하고 있었기 때문입니다. 즉 노병으로 죽음을 앞두고 있던 황제 막시밀리아누스(Maximilianus)가 사망했던 것입니다. 당시 황제는 세습이 아닌, 선제후들의 투표로 선출되었습니다. 교황은 자신에게 만만한 사람, 즉 강력한 군사력이 없는 사람이 차기 황제가 되기를 간절히 염원했는데, 그 사람이 바로 작센의 선제후 현자 프리드리히라고 생각했습니다. 교황은 자신의 계획대로 현자 프리드리히를 설득하기 위해 칼 폰 밀티츠(Karl von Miltitz)라는 밀사를 파견하였습니다. 하지만 밀티츠는 작센의 선제후를 설득하는 데 실패했습니다.

1519년 6월 27일부터 7월 16일까지 개최된 라이프치히 논쟁에서 루터는 역사에 대한 지식의 부족으로, 즉 자신의 주장이 이단으로 처형된 후스라는 헝가리 학자의 주장과 동일하다는 것을 몰라 탁월한 논객 요한 에크(Johann Eck)에게 자신이 후스파 이단자라는 것을 인정할 수밖에 없는 패배의 쓴 맛을 보았습니다. 하지만 그는 이런 패배에도 불구하고, 또한 이 패배로 인해 쾰른(Köln)과 루뱅(Louvin)의 신학자들이 자신을 이단자로 선언했음에도 불구하고, 자신의 입장을 끝까지 굽히지 않았습니다. 어떤 뛰어난 학자의 글이나 언변의 장애물도, 심지어 당대 교권의 수장이었던 교황의 어떤 당근과 채찍도 하나님께서 루터를 통해 시작하신 종교개혁을 멈출 수는 없었습니다. 종교개혁이라는 무거운 수레바퀴는 역사에 지워지지 않을 깊은 자국을 남기며 묵묵히 굴러가기 시작했고, 하나님의 위대한 역사는 새롭게 기록되기 시작했습니다.

어떤 교권도, 어떤 세상 권력도 종교개혁의 수레바퀴를 멈출 수 없었습니다. 교황이 1520년 6월 15일자 교서 '주여, 일어나소서!'(Exsurge Domine)를 발부하여 그를 파문하겠다고 위협했을 때, 루터는 그의 절친 슈팔라틴에게 보낸 1520년 7월 10일자 편지에서 다음과 같이 고백합니다. "주사위가 이미 내게 던져졌으므로 나는 로마의 분노와 호의를 경멸한다. 나는 결단코 그들과 화해하지도 교제하지도 않을 것이다." 교황의 교서는 1520년 12월 10일 루터의 제자들에 의해 불태워졌습니다. 하지만 루터는 자신이 파문되기 전까지 교황의 권위에 도전하거나 교황 자신과 대립각을 세울 의도가 전혀 없음을 거듭 호소했습니다.

1520년 6월부터 그 해에 비텐베르크 종교개혁자는 자신의 3대 논문, 「독일 기독교 귀족에게」, 「교회의 바벨론 포로에 관하여」, 「그리스도인의 자유에 관하여」를 차례로 출간했습니다. 이 가운데 독일어로 출판된 첫 번째 논문에서 루터는 이탈리아 교황청에 대한 독일 귀족들의 불만에 호소하면서 황제와 독일 귀족들이 앞장서서 로마의 악행에 맞서 개혁을 주도해줄 것을 요청했습니다. 라틴어로 출판된 두 번째 논문에서는 교회의 세 가지 포로가 일종배찬과 화체설, 그리고 선행과 희생으로 변질된 미사라고 지적하면서 로마교회의 일곱 성례를 비판했습니다. 영국 왕 헨리 8세(Henry Ⅷ)는 루터의 이 논문에 대한 반박 글을 작성하여 교황으로부터 '신앙의 수호자'(Defensor fidei)라는 칭호를 받았습니다.

루터가 1520년 가을에 라틴어와 독일어 두 언어로 출간한 세 번째 논문에서 그리스도인의 자유를 다음과 같은 두 가지 상반된 명제로 설명했습니다. '그리스도의 사람은 만물의 주인이므로 가장 자유롭고 어떤 것에도 종속되지 않습니다. 그리스도의 사람은 만물의 종이므로 가장 충직하고 모든 것에 종속됩니다.' 루터에 따르면 그리스도인이 주인이면서 동시에 종이라는 개념은 만물의 주인이신 그리스도께서 친히 종의 형상을 입고 종이 되셨다는 사실과, '내가 모든 사람에게 자유로우나 스스로 모든 사람에게 종이 된 것은 더 많은 사람을 얻고자 함이라.'(고전9:19)는 말씀에 근거한 것입니다. 이처럼 그리스도인을 만물의 주인이면서 동시에 만물의 종으로 만드는 것은 오직 믿음뿐이라고 보았기 때문에 루터는 이 믿음이야말로 그리스도인의 생명과 의와 구원이라고 강변했습니다.

루터는 「그리스도인의 자유에 관하여」라는 논문에서 기독교 교리를 간략하지만 포괄적으로 서술하려고 했습니다. 그리고 교황 레오 10세에게 편지를 보낼 때 이 논문도 동봉했습니다. 이 편지에서 루터는 교황을 "바벨론에 있는 다니엘", "모든 사람들이 찬양하는 분", "이리들 가운데 있는 양"으로 묘사하면서 자신이 경멸하는 대상은 교황이 아니라, 바벨론과 소돔 같은 교황청, 그리고 이리들 같은 추기경들과 주교들이라고 설명했습니다. 이처럼 루터의 간절한 노력도 교황의 마음을 돌이킬 수는 없었습니다. 결국 교황은 1521년 1월 3일자 교서 '교황은 정당하다'(Decet Romanum Pontificem)를 통해 루터를 최종 파문했습니다. 이 파문은 그리스도의 교회로부터 루터를 출교한다는 의미였습니다.

교회에서 출교된 루터는 1521년에 다시 한번 충격적인 파문을 당했는데, 그것은 황제 카를 5세(Karl V)에 의한 것이었습니다. 1519년에 카를 5세는 할아버지 막시밀리아누스 황제의 뒤를 이어 제위에 올랐습니다. 당시 황제는 세습이 아니라 7명의 선제후에 의해 선출되었습니다. 7명 중 3명은 대주교였으므로 교황의 계획대로 프리드리히를 황제의 자리에 앉히는 일은 어렵지 않아 보였습니다. 하지만 교황의 계획은 수포로 돌아갔고 교황이 가장 경계했던 스페인 왕 카를로스 1세가 카를 5세로 황제의 자리에 등극했습니다. 젊은 황제는 교황이 자신에게 적대적인 인물이라는 사실을 알고 있었지만, 자신의 제위가 확고해질 때까지 가장 필요한 급선무가 교황과 우호 관계를 유지하는 일이라는 사실도 잘 알고 있었습니다.

황제는 친교황적인 모습을 보이기 위해 교황청 최대의 골칫거리인 루터 문제를 해결하기로 결심했습니다. 그는 보름스제국회의를 소집하고 루터를 소환해 정죄할 만반의 준비를 해두었습니다. 루터는 동료들의 끈질긴 만류를 뿌리치고 1521년 4월 17일 수요일 오후 4시에 보름스제국회의에 출두하여 황제 앞에 섰습니다. 황제는 루터를 향해 '그대는 결코 나를 이교도로 만들지 말라!'라고 경고했습니다. 루터가 받은 심문 내용은 그의 앞에 놓인 20여권의 책들이 루터 자신의 것인지, 또한 그것들을 철회할 마음이 있는지 묻는 것이었습니다. 루터는 자신의 저술에 대해서는 쉽게 인정했지만, 그것을 철회할 것인지에 대한 질문에는 즉시 답하지 않고 머뭇거리며 하루의 말미를 달라고 요청했습니다.

루터는 만 하루가 지난 다음날 오후 4시에 다시 출두하였고 황제와 군주들은 6시 경에 도착했습니다. 에크 박사가 루터에게 철회할 준비가 되었는지 다시 물었을 때 결연한 의지로 자신의 신념을 용감하게 대답하기 시작한 루터는 자신의 긴 연설을 이런 말로 마무리했습니다.

'저는 제가 인용한 성경에 의해 사로잡혀 있으며, 저의 양심은 하나님 말씀의 포로가 되었습니다. 저의 주장을 철회할 수도 없고, 또한 그럴 생각도 없습니다. 왜냐하면 양심에 반하는 행동은 안전하지도 현명하지도 않기 때문입니다.'

그리고 루터는 기도했습니다.

'나는 달리 아무 것도 할 수 없습니다. 하나님이여, 내가 여기 서 있사오니 나를 도와주소서!'

루터는 4월 25일에 떠나라는 명령을 받았습니다. 루터를 로마제국의 무법자로 선언하고 그에게 빵도 물도 은신처도 제공하지 못하도록 금지한 황제의 파문 칙령은 5월 26일부터 루터가 죽을 때까지 철회되지 않았습니다. 이처럼 루터를 파문했음에도 불구하고 교황은 물론이고 황제조차도 성경에 사로잡힌 루터의 종교개혁을 멈추어 서게 할 수 없었습니다.

제1장 루터의 종교개혁과 성경

Q. 루터의 「95개 논제」는 무엇입니까?

Q. 루터가 종교개혁을 일으키지 않았다는 이유는 무엇입니까?

Q. 중세의 로마가톨릭교회가 인정한 유일한 성경 '불가타'는 어떤 것입니까?

Q. 에라스무스의 헬라어 신약성경이 종교개혁에 끼친 영향은 무엇입니까?

제2장
종교개혁의 왜곡과 개신교의 탄생

제2장
종교개혁의 왜곡과 개신교의 탄생

취리히 종교개혁과 종교개혁에 대한 왜곡의 시작

1352년, 스위스 도시 취리히(Zürich)는 5번째로 스위스연맹에 가입한 캔톤(canton)이었습니다. 16세기에 취리히 인구는 루터의 비텐베르크 인구와 비슷한 5-6천명 정도였습니다. 이곳이 종교개혁의 도시가 된 것은 훌드리히 츠빙글리(Huldrych Zwingli)의 덕분이었습니다. 1483년 1월 1일, 그는 빌트하우스(Wildhaus)에서 농부의 아들로 태어나 1498년에 14살의 나이로 오스트리아 빈(Vienna)대학에 입학했으나 제적되었습니다. 그의 나이 18살인 1502년에는 바젤대학의 입학생이 되었고, 이곳에서 학사(1504)와 석사(1506) 과정을 무사히 졸업했습니다. 1506년 9월에 사제가 되어 고향에서 첫 미사를 집전한 후 글라루스(Glarus)에서 10년 동안 사제로 일했으며, 1516년부터 취리히에서 목회를 시작하기 전인 1518년까지 아인지델른(Einsiedeln)에서 사역했습니다.

아인지델른에서의 목회를 통해 츠빙글리는 설교자로서 유명세를 떨치게 되었고, 비록 불명예스러운 자신의 전력에도 불구하고 결국 취리히 대성당의 주임사제로 청빙을 받았습니다. 그가 취리히에서 목회를 시작한 것은, 잘 알려진 것처럼, 그의 35번째 생일인 1519년 1월 1일이었습니다. 이때부터 그는 마태복음 1장에서 마지막 장인 28장까지 연속적으로 설교하기 시작했는데, 이것이 저 유명한 '강해설교'의 효시입니다. 츠빙글리의 강해설교는 취리히 도시의 개혁에 가장 큰 원동력이었습니다.

츠빙글리의 취리히 종교개혁이 루터의 영향을 받았는지, 그렇지 않은지 단정할 수는 없습니다. 츠빙글리가 했던 초기 개혁적인 설교는 에라스무스의 성경적 인문주의 성격이 짙었습니다. 즉 츠빙글리 개혁의 출발점은 인문주의적이었습니다. 이런 이유 때문에 츠빙글리가 자신의 개혁이 루터와 무관한 것이었다고 고백했는지도 모릅니다. 비록 츠빙글리의 개혁이 루터와 무관하게 시작되었을지라도, 그가 1519년 6-7월에 개최된 라이프치히논쟁 속의 루터를 몰랐을 가능성은 희박하기 때문에, 1520년 이후 츠빙글리의 개혁은 루터의 영향 아래 진행되었다고 볼 수 있습니다.

아무튼 츠빙글리가 루터를 "새로운 엘리야"라고 부르며 높였다는 사실은 취리히 종교개혁이 비텐베르크 종교개혁의 영향 아래 있었다는 분명한 증거입니다. 물론 츠빙글리는 루터의 비텐베르크 개혁을 모판처럼 그대로 취리히에 옮겨오지 않았습니다. 취리히 개혁과 비텐베르크의 개혁은 닮은 듯 달랐습니다. 비성경적인 면죄부 교리를 비판했던 루터의 영향으로 독일 종교개혁이 기독교 교리 중심의 개혁이었다면, 스위스 종교개혁은 비성경적인 관습과 제도를 비판했던 츠빙글리의 영향으로 사회도덕 중심의 개혁이었습니다. 성경이 최고의 권위라는 주장은 루터와 츠빙글리에게서 동일하게 발견되는 종교개혁의 대원리였습니다.

취리히 시 의회는 1520년에 종교개혁을 위한 중요한 결정을 내렸는데, 그것은 성경대로 설교해야 한다는 것이었습니다. 이것은 츠빙글리가 시작한 강해설교의 승리를 의미했습니다. 뿐만 아니라 취리히에서도 성경만이 기독교 교리와 생활의 유일한 근거라는 종교개혁의 대원리가 자리를 잡기 시작한 것이었습니다. 츠빙글리는 성경을 근거로 의무적인 십일조 대신에 기부 제도를 도입해야 한다고 주장했고 성자숭배 사상을 비판했습니다. 또한 1522년에 사순절 금식 규정을 어기는 사건이 일어났을 때, 그 규정이 성경의 가르침, 즉 그리스도인의 선택의 자유에 위배된다는 이유로 비판했습니다.

성경에 근거한 츠빙글리의 구제도에 대한 비판과 새로운 주장들은 스위스 연맹의 다른 주들과 콘스탄츠 주교의 반발을 사게 되었고 이러한 갈등을 진화하기 위해 취리히 시 의회는 토론회를 주선했습니다. 이것이 1523년 1월 말과 10월 말에 각각 벌어진 제1, 2차 취리히논쟁입니다. 600여 명이 참석한 1차 논쟁의 결과로 탄생한 것이 츠빙글리의 저 유명한 「67개 논제」입니다. 그는 이 논제에서 그리스도만이 하나님과 인간 사이의 유일한 중보자시며 교회의 유일한 머리시라는 사실을 집중적으로 강조했고 면죄부와 연옥 교리를 간단하게 비판한 반면에, 의외로 교회제도에 대해서는 어떤 구체적 비판도 하지 않았습니다. 대신 그리스도인이라면 누구나 세속정부에 절대 복종해야 한다고 주장했습니다.

2차 논쟁에는 350명의 사제를 포함하여 약 900명 정도 참석했는데, 3일 간의 논쟁에서 츠빙글리는 미사와 성화 및 성상들이 비성경적이라고 결론 내렸습니다. 그리고 이 모든 것에 대한 최종 결정권이 세속정부인 시 의회에 있다고 보았습니다. 이러한 츠빙글리의 견해는 취리히 종교개혁의 갈등과 분열을 초래하는 단초가 되었습니다. 1524년 1월에 개최된 3차 논쟁은 유야무야되었으나 시 의회는 그 해 6월에 모든 화상과 성상을 제거하기로 결정하고 2주 동안 제거 작업을 시행했습니다. 1525년 부활절에는 미사가 폐지되고 성만찬으로 대체됨으로써 종교개혁을 성공적으로 이루었습니다. 하지만 이 과정에서 과격한 사람들이 등장하면서 취리히 시는 츠빙글리와 그들 사이의 갈등과 대결을 경험할 수밖에 없었습니다. 그들이 바로 종교개혁의 역사 속에 등장하는 최초의 재세례파였습니다. 이들에 의해 종교개혁에 대한 오해와 왜곡의 역사가 시작되었습니다.

종교개혁의 왜곡

취리히에서 발생한 최초의 재세례파

루터와 에라스무스가 인간의 자유의지 문제로 갈라섬으로써 종교개혁이 성경적 인문주의와 다른 길을 가기 시작할 즈음, 종교개혁의 역사는 새로운 갈등 국면을 맞이하게 되었습니다. 그 새로운 국면은 두 가지로 구분할 수 있는데, 하나는 스위스 취리히에서 최초로 발생한 재세례파의 과격한 종교개혁운동이고, 다른 하나는 주로 독일에서 가장 심각한 문제로 대두되었던 농민봉기였습니다. 이 두 집단에 의해 종교개혁의 역사는 오해되고 왜곡되기 시작했습니다. 그 두 집단 사이는 서로 무관할 것처럼 보이지만 의외로 일치점이 많았습니다.

츠빙글리가 사순절 금식 규례를 비판하고 교회 안의 성상들을 제거해야 한다고 목소리를 높였던 취리히 종교개혁의 초기만 해도 재세례파는 츠빙글리 개혁의 든든한 지원군이었습니다. 하지만 얼마 지나지 않아 이들은 츠빙글리와 갈등을 빚기 시작했습니다. 이 갈등은 교회와 세례에 대한 이해가 달랐기 때문에 일어났습니다. 재세례파는 성상이 성경의 가르침에 위배되는 것이라면 즉시 시민들의 손으로 직접 제거해야 한다고 보았던 반면에, 츠빙글리는 성상 제거의 권한을 시당국, 즉 시 의회의 결정권으로 제한했습니다.

뿐만 아니라 유아세례 문제에서 결정적인 교리적 차이, 즉 성경의 이해와 해석의 차이가 드러났습니다. 재세례파는 유아세례가 성경 어디에도 명령되지 않았기 때문에 잘못된 교리요 관행이라고 주장했습니다. 그들은 심지어 1522년의 한 논문에서 유아세례를 '교황의 발명품'으로 비판했던 과격한 주장을 수용하기에 이르렀습니다. 작자 미상의 이 논문은 아마도 16세기에 유아세례가 무효하므로 다시 세례를 받아야 한다는 성인세례의 정당성을 옹호한 최초의 글일 것입니다. 이 논문의 주장을 제일 먼저 실천한 사건이 취리히에서 발생했습니다.

취리히 시는 1524년에 봄에 이미 유아세례를 반대하는 주장에 직면하여 홍역을 치른 결과, 태어난 모든 유아가 세례를 받아야 한다고 결정하여 8월 15일에 공포했습니다. 이 사실을 알고도 콘라트 그레벨(Conrad Grebel)은 1525년 1월 21일에 취리히 출신 펠릭스 만츠(Felix Manz)의 집에서 제세례를 제안했고, 이 제안을 받아들인 게오르게 블라우록 (George Blaurock)이 자청하여 재세례 즉 성인세례를 받았으며, 곧이어 블라우록도 15명의 다른 사람들에게 성인세례를 베풀었습니다. 이것이 바로 16세기 최초의 재세례 사건이었습니다. 하루나 이틀 후 이들은 졸리콘(Zollikon)에서 그레벨의 인도로 성찬식에 참여했습니다. 이 사건 때문에 위의 세 사람 모두 체포되어 18일에는 종신형을 선고받았습니다. 또한 시 의회는 이들을 추종하는 사람들도 붙잡아 함께 투옥하기 시작했습니다.

1526년 3월 5-6일 취리히 시 의회는 재세례파에 대한 재판을 열었고 7일에는 재세례를 시행하는 자는 누구든지 참수형에 처한다는 결정을 선포했습니다. 그런데 2주 후에 투옥되었던 재세례파가 누군가의 도움으로 탈주하는 사건이 벌어졌습니다. 탈주 후에 그레벨은 그 해 여름에 페스트로 사망했고 다시 붙잡혀온 두 사람 중 블라우록은 1527년 1월 5일에 심한 태장을 맞고 추방되었으며 만츠는 참수형에 처해졌는데, 이것이 16세기 최초의 재세례파 처형 사건이었습니다. 사실 이들은 모두 다른 평화주의적 재세례파들이었고, 이러한 평화주의는 네덜란드 재세례파 메노 시몬스

(Menno Simons)에 의해 계승·발전되었습니다.

츠빙글리는 취리히에서 세례 문제가 공개적으로 제기되기 전인 1523년에 이미 「세례, 제세례, 유아세례」라는 논문을 작성하여 재세례파를 반대했으며, 1524-1525년 사이에 유아세례 반대 사건이 터졌을 때 이 논문으로 방어했습니다. 츠빙글리는 자신의 논문에서 유아세례가 신약성경에 명시되어 있지는 않지만 구약의 할례에 주어진 하나님의 약속이 신약교회의 유아세례를 통해 계승된다고 주장하면서, 고린도전서 1장이나 사도행전 16장에 나타나는 온가족 세례 사건에 유아가 포함되었을 가능성을 근거로 유아세례를 옹호했습니다. 츠빙글리는 성경해석을 위해 구약과 신약의 통일성을 염두에 두었던 것입니다.

하지만 재세례파는 성경 전체의 통일성을 고려하지 않았습니다. 이러한 단적인 예가 다음과 같은 만츠의 잘못된 주장입니다. '그리스도인이라면 그 누구도 행정관이 되어서는 안 됩니다. 또한 그리스도인은 누구도 검을 사용하여 처벌하거나 누군가를 죽여서도 안 됩니다. 왜냐하면 성경 어디에서도 그런 예를 찾아볼 수 없기 때문입니다.' 만츠의 주장대로라면 오늘날 그리스도인들은 아무도 정치인이나 공무

원이나 군인이 되어서는 안 됩니다. 하나님이 통치하시는 교회와 사탄이 지배하는 세상은 서로 완전히 분리되어야 한다고 주장하는 분리주의자와 완전주의자는 언제나 존재합니다. 하지만 성경은 분리주의나 완전주의를 가르치지 않습니다. 오히려 지상의 모든 교회는 죄인들의 모임이요, 어떤 지상교회도 완전하지 않고 완전할 수도 없다고 가르칩니다. 완전한 것은 교회의 머리이신 그리스도 한 분뿐입니다.

재세례파는 신약성경이 명령한 것은 반드시 문자대로 실천해야 하지만 명령하지 않는 것은 어떤 것도 하지 말아야 한다는 신약 중심의 성경문자주의자들이었습니다. 이런 점에서 유아세례는 신약성경에서 명령된 것이 아니었기 때문에 그들은 너무 쉽게 그것을 비성경적이라고 결론 내렸던 것입니다. 종교개혁에 대한 최초의 왜곡은 불행하게도 '오직 성경'(sola Scriptura)이라는 종교개혁의 원리를 잘못 이해하고 적용한 결과였습니다. '오직 성경'의 바른 해석과 적용을 위해 반드시 동반되어야 할 원리가 있다면, 그것은 성경의 다양성에서 비롯되는 교리적 모순을 배제하고, 성경 전체의 교리적 일치를 추구하는 '전체 성경'(tota Scriptura)이라는 성경해석의 원칙입니다. 재세례파에게 나타난 종교개혁의 왜곡은 '오직 성경'의 원리에 대한 오해로부터 시작되었고, 이 오해는 개신교 내의 핵분열을 초래하는 결정적 원인이었습니다.

성경문자주의의 위험성

1525년 1월 21일 스위스 도시 취리히에서 콘라트 그레벨이 펠릭스 만츠의 집에서 재세례를 베풀었고, 이로 인해 만츠가 1527년 1월 5일에 참수형을 당하게 된 재세례파 사건은 최초의 종교개혁 왜곡이었습니다. 이것은 '오직 성경'이라는 종교개혁의 대원리가 성경문자주의로 오해되기 시작한 사건이었습니다. 종교개혁의 왜곡은 성경의 권위와 해석에 대한 오해에서 비롯된 것인데, 실로 이것은 오늘날에도 일어나고 있는 일입니다.

16세기 재세례파 유형은 너무 다양하게 나타났기 때문에 통일된 운동이라고 보기 어렵습니다. 하지만 그들 모두는 유아세례를 거부함으로써 신앙을 고백한 성인 신자에게만 세례를 베풀었는데, 이것이 그들의 공통점이었습니다. 그리고 그들이 주장한 성경적 세례는 물을 뿌리는 형식이 아니라 물에 잠기는 형식의 침례였습니다. 그래서 그들을 재침례파, 재침례교도라고 부르며, 이들이 오늘날 침례교의 신학적 뿌리이기도 합니다. 오늘날 재침례교도와 침례교도들은 평화주의자들입니다. 이러한 전통은 취리히의 재세례파 사건과 무관하지 않지만, 더욱 직접적인 뿌리는 네덜란드 재세례파 메노 시몬스(Menno Simons)입니다. 오늘날 메노나이트(Mennonites) 즉 메노파는 그의 이름 '메노'에서 유래한 것입니다.

1515년경 네덜란드 중부 도시 위트레흐트(Utrecht)에서 천주교 사제로 서품되었던 메노 시몬스는 1531년에 처음으로 재세례(rebaptism) 개념을 접한 후, 유아세례의 근거를 찾기 위해 성경 연구에 돌입했으나 구체적이고 직접적인 근거를 찾지 못하자, 유아세례가 성경에 없는 것으로 확신하게 되었습니다. 결국 1536년에 천주교와 사제직을 반대함으로써 재세례파가 되었습니다. 토마스 뮌처(Thomas Müntzer), 1534-1535년 뮌스터(Münster) 혁명의 주동자들과 같은 급진적 재세례파와는 달리, 메노 시몬스는 평화적 재세례파의 대표적인 지도자가 되었습니다. 메노 시몬스 이전의 재세례파가 대부분 폭력적이고 혁명적이었던 것은 당시의 폭력적 농민봉기와 무관하지 않는데, 농민봉기의 주동자들과 재세례파 사람들 모두 가난한 상인과 농민이라는 동일한 신분의 사람들이었고 따라서 때로는 재세례파 운동과 농민봉기가 쉽게 구분되기 어려운 환경이었기 때문입니다. 재세례파가 폭력적인가 평화적인가 하는 것은 그들의 경험에서 비롯된 환경적 문제였지 근본적인 문제가 아니었습니다.

재세례파의 근본적인 문제는 성경에 대한 이해와 적용이 지나치게 문자주의적이었다는 사실입니다. 그들은 성경에 명시된 것은 문자 그대로 실천하되 명시되어 있지 않은 것은 어떤 것도 해서는 안 된다고 보았습니다. 유아세례를 로마교황의 발명품으로 간주하여 반대한 것도 유아세례에 대한 명시적 말씀이 성경에 없다고 판단했기 때문입니다. 그래서 신앙을 스스로 고백한 성인에게 베푸는 세례만을 고집했던 것입니다. 성경에 나오는 모든 세례가 침례라는 이유로 침례만을 고집한 것도 역시 성경문자주의의 결과였습니다. 또한 재세례파는 '너희는 택하신 족속이요, 왕 같은 제사장들이요, 거룩한 나라요, 그의 소유가 된 백성'이라는 말씀에 근거한 만인제사장 원리, 즉 모든 신자가 제사장이라는 루터의 주장도 문자적으로 이해했습니다. 그들은 교회의 모든 지체가 제사장이기 때문에 구별된 성직자가 불필요하다고 주장하는 반성직주의자들이었습니다. 그들은 누구든지 가르치는 은사를 받았다면 설교를 할 수 있다고 생각했습니다. 또한 재세례파는 교회 분리주의자들이었습니다. 교회의 거룩성을 회복해야 한다는 명분으로 당시 부패한 천주교로부터 스스로 탈퇴하여 자신들만의 교회를 따로 세웠는데, 이것이 마치 그리스도의 완전한 지상교회라도 되는 것마냥 착각했습니다. 하지만 지상의 어떤 교회도 완전하지도 완전할 수도 없는 죄인들의 공동체요, 완전이라는 목적지를 향해 가는 순례자들의 교회일 뿐입니다.

성경문자주의는 참으로 위험천만한 사상입니다. 왜냐하면 역사상 수많은 이단자들이 자신들의 입맛대로 즉 자의적으로 성경을 해석하는 가장 강력한 근거와 힘이 바로 이러한 성경문자주의였기 때문입니다. 교회사의 최초 이단자 가운데 한 명인 마르커시온(Marcion)은 '하나님은 사랑이시라'는 말씀을 문자주의적으로 받아들였기 때문에 보복과 복수의 하나님인 구약의 여호와를 사랑의 하나님과 다른 신이라고 주장했던 것입니다. 종교개혁시대에도 이런 성경문자주의는 성경에 '삼위일체'라는 단어가 없다는 이유로 삼위일체 교리를 쉽게 부인하는 유니테리언(Unitarian) 즉 반삼위일체론자를 양산했습니다. 성경에 명시되어 있지 않는 모든 것을 비성경적이고 거짓된 것으로 간주하는 성경문자주의는 주일이 아닌 안식일만을 고집하는 이단을 만들었고, 사도신경을 비롯하여 성경에 명시되어 있지 않는 역사적 산물들을 모조리 거부해야 한다는 주장이 성경적으로 옳은 것처럼 조장합니다.

모든 성경문자주의의 폐해는 '오직 성경'이라는 원리에 대한 오해에서 비롯된 것들입니다. 물론 성경은 성령의 감동으로 기록된 하나님의 말씀이므로 기독교 교리와 기독교인의 삶을 위해 절대적인 권위를 가집니다. 하지만 성경에 기록된 모든 말씀 한마디한마디가 동등한 신적 권위를 가진 것은 아닙니다. 더 중요한 말씀이 있는가 하면 덜 중요한 말씀도 있고, 의미가 아주 분명한 말씀이 있는가 하면, 의미가 애매한 말씀도 있습니다. 성경 속에는 하나님의 뜻과 명령도 있지만, 인간의 그릇된 생각과 말도 있고, 심지어는 사단의 속임수와 거짓말도 기록되어 있습니다. 그러므로 분별의 지혜와 바른 가르침이 필요합니다. 성경에 기록되어 있다는 사실만으로 무조건 복종해야 할 하나님의 말씀이라고 주장하는 것은 위험천만한 일입니다. 더욱이 성경을 자신의 입맛대로 읽는다면 훨씬 심각한 오류에 빠질 수 있고, 심지어 이단적인 주장까지도 서슴지 않을 수도 있습니다. 오늘날 요한계시록과 관련된 이단들이 바로 이런 독선적 성경 문자주의의 대표자들이라는 점을 상기할 필요가 있습니다.

루터의 '개혁'인가, 뮌처의 '혁명'인가

루터가 종교개혁을 시작한 독일 영토는 작센이었고 그 지역은 '선제후'가 다스리는 지역이었습니다. 선제후란 로마제국의 황제를 선출할 수 있는 대의원이라는 뜻으로 '선거후'라고도 불립니다. 종교개혁 초기에 작센의 선제후는 루터의 가장 강력한 후원자였던 프리드리히였는데, 당시 이단으로 파문된 루터를 지혜롭게 후원하고 보호했다는 의미에서 그의 이름 앞에는 언제나 '현자'(지혜로운 사람)라는 별명이 붙게 되었습니다. 지방의 일개 수도사 루터로부터 시작된 종교개혁은 프리드리히의 정치적 지지를 받아 이미 1520년 초반에 독일 전역을 휩쓸며 승승장구했습니다. 하지만 개혁의 목소리와 그동안 잠재되었던 불만의 소리가 뒤섞이기 시작하면서 종교개혁의 정체성에 일대 혼란이 초래되었는데, 농민봉기가 바로 그런 것이었습니다. 농민혁명으로도 불리는 농민봉기는 결국 전쟁으로 비화되었고, 1525년 5월 15일 프랑켄하우젠에서의 결정적 패배로 말미암아 비참한 최후를 맞아야 했습니다.

농민봉기, 즉 농민혁명의 조짐이 가장 먼저 감지된 곳은 슈바비아였고, 주동 인물은 토마스 뮌처(Thomas Müntzer)였습니다. 뮌처는 1520년에 루터의 호평과 추천 덕분에 츠비카우의 설교자가 되었을 정도로 루터의 초기 개혁운동에 적극적으로 동참했습니다. 하지만 성령의 왕국이 도래할 것이라 예언한 중세 신학자 요아킴 피오레의 절대적 영향을 받은 츠비카우의 예언자들을 만난 이후 그는 종말론적 혁명가로 변신함으로써 루터와 다른 길을 가기 시작했습니다. 1523년 부활절 이후, 그는 자신의 혁명적 사상에 근거한 참된 기독교 공동체를 실현하기 위해 추종자들을 모아 동맹을 결성하고 그들을 선동하기 시작했습니다. 1524년에는 500명의 동맹 회원을 가진 혁명적 무장 단체로 발전했습니다. 이런 과격한 폭력적 혁명은 1534-35년에 발생한 재세례파의 뮌스터(Münster) 사건과 무관하지 않았습니다. 뮌처는 불신자들이 완전히 소멸된 지상 신국을 실현하고자 했던 극단적 이원론자요, 급진적인 종말론자였습니다. 그에게 폭력

혁명이란 말세에 하나님의 지상왕국을 수립하시기 위해 필요한 불가피한 수단이었습니다.

1525년 3월에 농민봉기의 대표자들은 메밍겐에서 모임을 갖고 자신들의 주장을 담은 「12개 조항」과 동맹규약을 채택했습니다. 「12개 조항」은 두 달 만에 25,000번 이상 인쇄될 정도로 폭발적인 인기를 누렸고 독일 전역에 빠르게 확산됨으로써 농민전쟁의 기폭제가 되었습니다. 「12개 조항」에서 그들은 개교회의 설교자 선택권 보장, 설교자의 순수 복음 설교, 신분제도 및 노예제도 철폐, 동물사냥 및 고기잡이 권리 보장, 땔감을 위한 산림이용권 보장, 강제노역 금지, 노동 임금 인상, 집세와 임차료 삭감, 사적인 형벌 금지, 토지 반환 등을 요구했습니다. 그리고 마지막 12번째 조항에서는 자신들의 요구 가운데 하나님의 말씀과 일치하지 않는 내용이 발견된다면, 그리고 그 이유가 성경을 기초로 설명된다면 그것이 하나이든 여럿이든 철회할 것이라는 조건을 달 정도로, 그들은 자신들의 요구 내용이 하나님의 말씀과 일치한다고 확신했습니다.

뮌처가 주동한 혁명은 종교개혁을 또 왜곡하는 사건이었습니다. 농민혁명은 루터의 신앙적 개혁과 다른 성질의 완전히 새로운 운동이었습니다. 그들은 자신들의 목적을 성취하기 위해 폭력과 전쟁도 불사할 수 있다고 믿었습니다. 루터는 권력가들의 횡포 아래서 농민들이 겪는 고단한 생활과 부당한 처우에 대해서는 충분히 동의하고 동정했지만, 혼란과 무질서를 초래하는 폭력적 혁명에 대해서는 결코 찬동할 수 없었습니다. 칼의 권세에 불복종한 죄, 폭동과 약탈과 살인을 저지른 죄, 자신들의 악행을 복음으로 위장한 죄 등을 지적하면서 루터는 농민혁명을 비판하고 반대했습니다. 루터를 비롯하여 모든 주류 종교개혁자들은 한결같이 성경의 가르침대로 질서의 하나님을 믿었고 칼의 권세도 질서의 하나님으로부터 온 것이라 믿었기 때문에 모든 신자는 누구든지 세상 정부에 복종해야 한다고 주장했습니다.

성속을 날카롭게 구분하는 이원론, 예컨대 거룩한 교회를 세속적인 정부로부터 분리하는 이원론적 세계관은 종교개혁의 유산이 아니라 중세의 유산입니다. 중세의 극단적 이원론은 종교개혁자들에 의해 거부되고 혁파되었으나, 뮌처와 같은 과격한 혁명분자들과 또한 후대의 메노 시몬스와 같은 평화적 재세례파에 의해 계승되었는데, 이들은 모두 이 세상의 삶을 부정하고 저 세상의 삶만을 동경하는, 천

제2장 종교개혁의 왜곡과 개신교의 탄생

년왕국을 지향하는 급진적 종말론주의자들이었습니다. 주류 종교개혁자들이 극단적 이원론에 빠지지 않을 수 있었던 이유는 거룩한 것과 세속적인 것, 천국과 세상, 말씀의 권세와 칼의 권세를 구분하면서도 분리하지 않았기 때문입니다. 그들은 이 세상에 속하지 않는 교회의 독립적 속성과 이 세상 속에 있는 교회의 실존적 한계를 동시에 인정함으로써 그 둘을 혼돈하지도 분리하지도 않았던 것입니다. 이런 점에서 종교개혁 정신은 폭력적인 혁명사상과 반드시 구분되어야 합니다. 극단적 이원론과 급진적 종말론은 역사상 수많은 이단들의 공통적인 특징일 뿐만 아니라, 정통교회의 가르침을 위협하는 대표적인 사상이기도 합니다.

종교개혁과 정치: '프로테스탄트'의 기원

루터와 그의 동료들과 추종자들이 외친 종교개혁은 당연히 로마가톨릭교회 지도자들의 신경을 예민하게 만들었을 뿐만 아니라, 세속의 정치지도자들까지도 찬성하는 사람들과 반대하는 사람들로 양분시켰습니다. 독일 지역의 정치 지도자들 가운데 루터의 종교개혁을 반대하고 로마가톨릭의 전통을 고수하기를 원했던 군주들과 영주들이 1525년

데사우(Dessau)에 모여 동맹을 결성했습니다. 종교개혁을 지지한 군주들과 영주들도 헤세의 필립과 작센의 선제후 요한을 중심으로 1526년 토르가우(Torgau)에서 정치적 동맹을 결성했는데, 이것을 고타(Gotha)동맹이라 부르기도 합니다. 이 두 진영은 후에 독일에서 발생한 신구교 사이의 종교전쟁인 슈말칼덴 전쟁에서 적으로 나뉘어 싸우게 됩니다. '어떻게 신앙 때문에 전쟁도 불사할 수 있는가?'라는 의문이 들 수 있습니다. 종교개혁을 제대로 이해하기 위해서는 정치와 종교가 분리되어 있는 오늘 현대 사회와 달리, 16세기 유럽 전체가 정교일치의 기독교 사회였다는 사실을 반드시 감안해야 합니다.

로마제국의 황제 카를 5세의 이름으로 소집된 1526년 6월 제1차 슈파이어 제국회의는 1521년의 보름스 칙령을 철회하고 각 지역의 통치자들이 원하는 기독교 신앙을 스스로 선택할 수 있다는 종교적 관용령을 발표했습니다. 즉 '모든 국가는 하나님과 황제 앞에서 소망하고 신뢰하는 바에 따라 살고 통치하며 믿기로 한다'는 내용의 종교 자유를 선언했던 것입니다. 이것은 '주인이 한 사람인 곳은 종교도 하나다'(ubi unus dominus, ibi una sit religio) 혹은 '그의 종교는 그 지역의 소유주에게 속한다'(cuius regio, eius religio)는 말로 요약됩니다. 이처럼 16세기 종교의 자유는 개개인에게 허락된 것이 아니라, 그 지역의 통치자들에게만 허락된 것이었습니다. 이것의 대표적인 예가 바로 영국성공회입니다. 1534년 영국 왕 헨리(Henry) 8세가 교황이 아닌 왕인 자신이 영국교회의 머리라는 수장령을 발표함으로써 탄생한 것이 영국성공회인데, 수장령이 발표되기 하루 전에는 모든 영국 국민들이 천주교도였으나, 수장령이 공포된 그 날부터 영국성공회교도가 되었습니다.

제1차 슈파이어 칙령 이후, 유럽 각 지역의 통치자들, 즉 군주들과 영주들 및 독립도시의 대표자들은 자신들의 통치 지역에서 '종교를 개혁할 권리'(ius reformandi religionem)가 자신들에게 있는 것으로 간주했습니다. 그래서 루터를 비롯한 종교개혁자들의 입장을 선호하던 통치자들은 종교개혁을 적극적으로 수용할 수 있었습니다. 하지만 이러한 종교적 관용도 얼마가지 못했습니다. 프랑스와의 전투에서 승리한 황제 카를 5세는 유리한 조건으로 프랑수아 1세와 평화협정을 맺은 후, 프랑스와 동맹을 맺은 로마를 잔인하게 정복함으로써 1527년 11월 26일에 교황과 조약을 체결할 수 있었습니다. 정치적으로 가장 강력한 적대 세력을 제압한 황제는 독일 군주들에게 종교적 관용을 더 이상 베풀 이유가 없었기 때문에 철회했던 것입니다. 이것이 바로 1529년 제2차 슈파이어 제국회의의 결과였습니다.

황제 카를 5세는 제2차 슈파이어 칙령을 통해 제1차 슈파이어 제국회의의 합의를 폐기하고 독일 군주들에게 허용했던 종교개혁의 권리를 철회함으로써 종교개혁이 더 이상 확산되지 못하도록 조처했습니다. 종교개혁을 수용한 독일 군주들은 황제의 칙령을 수용할 수 없다는 입장을 밝히고 제1차 슈파이어 제국회의의 결정을 존중해줄 것을 정식으로 요청하는 문서를 만들어 황제에게 제출했습니다. 1529년 4월 19일에 작성된 이 항의문서에 신성로마제국 내의 지역 왕 6명과 14개 자유제국도시의 통치자들이 서명했는데, 바로 이 사건에서 '개신교도'(Protestant)와 '개신교'(Protestantism)라는 용어가 기원되었습니다. 제2차 슈파이어 칙령을 반대하는 문서에 서명한 그 사람들을 '항의자들'(protestantes)이라 불렀기 때문입니다. 이들은 황제의 칙령을 종교개혁을 위협하는 강력한 정치적 제재로 보았던 것입니다.

제2장 종교개혁의 왜곡과 개신교의 탄생

이처럼 종교개혁은 정치와 무관하지 않았고 종교개혁을 지지하는 정치 지도자들은 종교개혁자들과 한 배를 탄 종교개혁의 동지였습니다. 이 두 집단의 협력으로 탄생한 것이 바로 개신교였습니다. 따라서 정치를 배제하고 종교개혁을 논할 수는 없습니다. 하지만 종교개혁의 주동자들은 세속 정치가들이 아니라 종교개혁자들이었습니다. 종교개혁을 지지한 세속 군주들과 영주들은 비록 종교개혁의 조력자들이었으나, 마치 작센의 선제후 현자 프리드리히처럼 대부분 자신들의 정치 생명을 걸고 종교개혁자들을 보호할 정도로 신앙심 깊은 인물들이었습니다. 그래서 종교개혁 수용 불가 입장을 천명한 카를 5세에게 용감하게 맞서 '항의서'를 작성하여 제출할 수 있었던 것입니다. 불행한 것은 종교개혁자들 사이의 불화와 분열이 종교개혁을 지지하는 정치세력을 약화시켰을 뿐만 아니라 결국 종교개혁의 확산을 약화시키는 결정적인 원인 역할을 하게 되었다는 사실입니다. 이것은 오늘날 기독교의 문제이기도 합니다. 교회의 집단적 불화와 분열은 교회를 무너뜨리는 원흉이기 때문입니다. 진리 문제가 아니라면 교회 안에서 목숨 걸고 싸우는 일이 결코 벌어져서는 안 될 것입니다.

종교개혁, 1529년의 실패와 성공

1529년 제2차 슈파이어 칙령을 발표하여 종교개혁 확산을 노골적으로 저지하기 시작한 황제 카를 5세는 자신에게 대항했던 교황과의 불편한 관계를 청산하기 위해 1529년 6월 29일 교황과 평화조약을 체결함으로써 이탈리아에서 황제의 주권을 인정받았고, 결국 1530년 2월 24일에는 볼로냐에서 로마황제 대관식을 거행할 수 있었습니다. 이와 같은 거침없는 행보를 통해 황제는 카를 대제 즉 샤를마뉴의 강력한 통치 시대를 재현하고 싶어 했습니다. 만일 황제의 꿈이 이루어진다면 종교개혁 진영은 대재앙을 맞이할 것이요, 종교개혁은 백척간두의 위기에 서게 될 것입니다.

종교개혁 자체가 이런 위기의 상황으로 내몰리고 있던 바로 그 시기에 1520년대 중반부터 시작된 루터와 츠빙글리 양편의 성찬논쟁은 종교개혁 진영의 정치적 분열을 조장했습니다. 사분오열되는 것을 막기 위해 양편의 종교개혁자들은 독일 중부 지역 헤세에서 모임을 가졌는데, 이것이 1529년 10월 1–3일 사이에 개최된 마르부르크 회담이었습니다. 정치적으로는 헤세의 영주 필립이 주선했고, 멜랑흐톤과 스트라스부르의 종교개혁자 부서가 적극적으로 중재하여 어렵게 성사된 모임이었습니다.

하지만 이미 양측은 서로에 대한 불신이 팽배했기 때문에 한 번의 회담으로 적대감을 불식시키기에는 역부족이었습니다. 10월 4일 15개 조항의 「마르부르크 논제」를 작성하였고 양 진영이 첫 14개 조항까지는 합의했으나 마지막 성찬에 관한 조항에서 합의를 이끌어내지 못했기 때문에, 결국 회담이 의도한 성과는 실패로 돌아갔습니다. 1세대 종교 개혁자들 사이의 이 작은 불협화음은 장차 개신교 진영에 불어 닥칠 분열이라는 태풍의 예고편이었고, 활활 타오르는 장작더미를 흩어 불을 약화시키는 것처럼 종교개혁을 풍전등화의 위기로 몰아가는 출발점이었습니다.

루터는 마르부르크 회담에서 스위스와 독일 남부의 종교 개혁자들을 향해 소리쳤습니다. '당신들은 우리와 다른 영을 가지고 있소!' 이 말은 참으로 무서운 말이 아닐 수 없습니다. 루터는 그동안 수많은 대적들, 즉 교황의 천주교, 황제의 로마제국, 에라스무스의 인문주의, 농민들의 무정부적 혁명 등과 맞서 고군분투하면서 휘둘렀던 서슬 퍼런 칼날을 이제 동지들인 종교개혁자들을 향해 겨누었던 것입니다. 종교개혁자들 사이의 이러한 파열음은 종교개혁의 불행이었고, 심지어 실패한 종교개혁이라는 쓴 소리까지 듣게 된 원인이었습니다. 분명 종교개혁이 정치적으로 일치단결하는 연대도, 신학적이고 교회적으로 서로 인정하는 연합도 이루어내지 못한 것은 사실입니다. 이것은 종교개혁이 경험한 쓰라린 실패입니다. 이 실패로 인해 사분오열된 개신교회는 오늘까지도 교회연합이 서툴고, 개인주의와 개교회주의의 폐해까지 겪고 있습니다.

하지만 1529년은 종교개혁이 좌절과 실패만 경험한 해는 아닙니다. 비록 마르부르크 종교회담이 실패로 끝나긴 했지만, 연합을 위한 그 시도 자체는 긍정적으로 평가받아야 할 일이었습니다. 그리고 제2차 슈파이어 제국회의의 결과로 선포된 황제의 부당한 칙령에 맞서 개신교 진영의 경건한 군주와 정치 지도자들이 보여주었던 의연한 결기의 저항정신도 칭찬받을 만한 일이었다. 하지만 무엇보다도 1529년이 모든 개신교회를 위해 위대한 성공의 해로 평가 받을 수 있는 것은 루터가 교리문답, 즉 신앙교육서를 작성했기 때문입니다.

루터는 1528년에 자신이 설교한 내용들을 1529년 4월에 「대교리문답서」 즉 「대신앙교육서」라는 제목으로 출간했고,

5월에는 목판화가 삽입된 「소교리문답서」 즉 「소신앙교육서」가 책으로 출간했습니다. 「소신앙교육서」는 학교와 교회에서뿐만 아니라 가정에서도 아이들을 교육할 수 있는 교재로 만들어진 것인데, 이로 인해 신앙교육은 종교개혁의 가장 중요한 특징 가운데 하나가 되었습니다. 루터는 다음과 같이 소개합니다. '신앙교육서는 평신도 성경인데, 거기에는 신자가 자신의 구원을 위해 알아야 할 필수적인 모든 기독교 교리가 포함되어 있습니다.' 루터의 「대신앙교육서」가 설교 형식의 서술문으로 구성되어 있는데 반해, 그의 「소신앙교육서」는 묻고 답하는 문답 형식으로 되어 있으며 필수적인 교리를 매우 간결하고 압축하여 모든 내용을 암기할 수 있도록 만들었습니다.

한국어로 교회(敎會)는 '가르칠 교'(敎)와 '모일 회'(會)의 한자 합성어입니다. 요즘 교회를 그리스도인들의 교제로 생각하는 사람들은 이 한자 이름이 교회의 본질을 심각하게 왜곡하는 것이라고 생각하여 '가르칠 교'를 '사귈 교'(交)로 바꾸어 '교회'(交會)라 불러야 한다고 주장합니다. 하지만 성경의 가르침뿐만 아니라, 초대교회와 종교개혁의 전통에서도 지금 사용되고 있는 교회, 즉 가르치는 모임으로

서의 교회 개념이 훨씬 낫습니다. 왜냐하면 교회는 하나님과 인간에 대한 지식을 가르치고 배움으로써 구원에 이르는 길을 제시하도록 하나님께서 친히 세우신 유일한 구원의 기관이기 때문입니다. 즉 우리는 모두 '하나님의 아들을 믿는 것과 아는 일에 하나가 되어 온전한 사람을 이루어 그리스도의 장성한 분량이 충만한 데까지' 자라는 것이야말로 지상교회의 최고 목표이자 최대의 사명이기 때문입니다.

1530년: 종교개혁으로 인한 종교적 정치적 분열의 발화점

유럽대륙의 종교개혁이 정치적으로 독일에서는 성공한 반면에, 프랑스와 이탈리아에서는 실패했고, 스위스에서는 성공과 실패가 공존했습니다. 프랑스는 프랑수아 1세가 강력한 중앙집권적 왕국체제를 구축했으므로 일종의 민족국가 형태였는데, 영국도 이와 비슷한 상황이었습니다. 반면에 독일은 여러 군주들이 각자 자신의 영토에서 왕으로 군림하는 춘추전국시대와 비슷한 모습이었습니다. 심지어 독일에는 자유제국도시들도 있었는데, 이런 도시들은 그 지역 영주의 정치적 통제와 간섭으로부터 벗어나 정치적 독립이 보장되었고, 시민들의 대표가 다스리는 일종의 도시국가 형태였습니다. 스위스는 정치적 독립성이 자유제국도시보다 훨씬 강한 캔톤들(cantons)로 구성된 연방국가체제였습니다.

독일은 종교개혁 수용 문제로 이미 1520년 중반에 사분오열되었습니다. 독일의 중북부 지역의 군주들은 농민전쟁을 치른 후 그 반역이 종교개혁에서 기원된 것으로 보고 데사우동맹을 통해 구교인 천주교를 고수하기로 했던 반면에, 작센과 헤세 지역은 고타-토르가우동맹을 통해 종교개혁을 지지하기로 했습니다. 독일에서 데사우동맹이 채결된 1524년에 스위스 연방국가에서도 5개의 캔톤이 종교개혁을 반대하고 구교를 지키기 위해 동맹을 맺음으로써 분열이 예고되었습니다. 1525년 취리히가 종교개혁을 수용하기 시작하여 1526년 바덴(Baden)논쟁 이후 베른(Bern)과 바젤(Basel) 등이 종교개혁 진영에 합류하면서 구교를 지지하는 캔톤과 신교를 지지하는 캔톤 사이의 갈등은 심화되었고, 결국 1529년 제1차 카펠(Kappel)전투인 최초의 스위스 종교내전으로 비화되었습니다.

제1차 카펠전투에서 승리한 종교개혁 진영이 스위스 모든 캔톤에서 개혁적인 설교를 할 수 있다는 내용으로 구교를 지지하는 5개 캔톤과 조약을 맺었지만, 정작 그 5개 캔톤은 합의대로 실행하지 않았습니다. 그러자 취리히를 비롯한 종교개혁 지지 캔톤은 식량 봉쇄 정책으로 그들을 압박했고, 그들은 1531년 10월 9일 전쟁을 선포함으로써 압력에 맞불을 놓았는데, 이것이 제2차 카펠전투였습니다. 이 전투에서 츠빙글리는 전사했고 취리히는 패배했습니다. 설상가상으로 바젤의 종교개혁자 외콜람피디우스도 1531년에 사망했습니다. 이 패배로 스위스 내에서 종교개혁이 확장될 가능성은 거의 사라져버렸습니다. 더 큰 불행은 루터가 츠빙글리의 죽음을 하나님의 심판으로 간주하여 비난했다는 사실입니다. 츠빙글리와 그의 동역자들에 대한 루터의 적개심은 1529년 마르부르크에서 15개의 합의 조항 가운데 14개에 동의했음에도 불구하고, 결코 줄어들지 않았습니다. 종교개혁자들 사이에 일어난 갈등과 불화는 아물어가는 타박상 정도에서 그치지 않고 점점 심해져 결국 분열이라는 난치병으로 악화되었습니다. 불화와 분열의 난치병은 모든 시대와 모든 지역의 개신교회가 물려받은 가장 불행한 유산입니다.

1520년대 말에 프랑스는 로마 가톨릭을 지지하는 프랑수아 1세의 강력한 중앙집권 덕분에 신앙 문제로 내홍을 겪지는 않았으나, 정치적 라이벌이었던 황제 카를 5세와 전쟁을 치렀습니다. 프랑스와의 전투에서 승리하자마자 신앙의 자유를 철회한 황제는 이탈리아로 진격하여 교황까지 제압하는 데 성공했기 때문에 이제 외세인 터키를 성공적으로 막아내는 일만 남았다고 판단했습니다. 황제가 소집한 제국회의는 1530년 6월 20일 월요일 아우크스부르크에서 개회되었는데, 황제는 독일 군주들이 터키를 물리치는 데 협력해주기를 원했던 반면에, 종교개혁을 지지하는 독일 군주들은 황제가 1529년 제2차 슈파이어 제국회의를 통해 철회한 신앙의 자유를 다시 보장해주기를 원했습니다. 한마디로 동상이몽이었습니다. 황제와 종교개혁을 지지하는 독일 군주들은 돌아올 수 없는 강, 루비콘 강을 건넜습니다.

아우크스부르크 제국회의에 제출된 종교개혁 진영의 신앙고백은 모두 3개였습니다. 루터파를 대표하여 멜랑흐톤이 작성한 「아우크스부르크 신앙고백서」, 츠빙글리가 작성한 「신앙의 이유」, 그리고 이 둘 사이를 중간 입장을 취한 「4

개 도시 신앙고백」이 그것이었습니다. 이 가운데 제국회의에서 받아들여지고 읽혀진 것은 「아우크스부르크 신앙고백서」뿐이었는데, 이것마저 황제를 설득하지 못하고 실패했습니다. 어쩌면 이것은 종교개혁 진영의 불일치가 초래한 불행이었는지도 모릅니다. 황제는 사분오열된 종교개혁 진영의 상이한 요구들을 들어줄 이유가 없었습니다. 종교개혁자들 사이에 조금만 더 깊이 서로의 생각과 입장을 헤아리고 양보했더라면 하는 아쉬움이 남는 사건이었습니다. 이후로 개신교는 진리 고수를 위한 분열과 분리냐, 그리스도의 한 몸을 위한 화해와 일치냐 하는 문제로 끊임없는 골머리를 앓아야 했고 문제 해결의 실마리를 찾기가 요원해졌습니다.

서유럽 전체가 종교개혁으로 종교적 정치적 분열을 체감하기 시작한 것은 1530년 전후였습니다. 아우크스부르크 제국회의는 그러한 분열의 발화점이었습니다. 「아우크스부르크 신앙고백서」에 서명한 독일의 제후들은 슈말칼덴동맹을 결성하게 되었는데, 이것은 후에 황제에 맞서 싸운 슈말칼덴전쟁이라는 최초의 독일종교전쟁으로 비화되었습니다.

제2장 종교개혁의 왜곡과 개신교의 탄생

극단적 종말론:
신앙주의와 성경문자주의의 만남은 비극 그 자체다!

일찍이 1520년대 중반에 상공인들의 봉기로 인해 농민 전쟁을 겪었던 독일 종교개혁은 1534년에는 뮌스터혁명에 직면했습니다. 뮌스터혁명은 재세례파들이 주도한 것으로, 극단적 종말론자였던 재세례파 멜키오르 호프만을 추종하는 멜키오르파에 의해 주동된 사건입니다. 뮌스터혁명의 지도자는 레이든의 얀(Jan van Leiden)으로 더 잘 알려진 얀 보 컬스존(Jan Bockelszoon)과 얀 마테이스(Jan Matthijs)였는데, 둘 다 네덜란드 출신의 재세례파였습니다. 1532년에 뮌스터에서 개신교 공동체를 세움으로써 뮌스터 도시 개혁의 지도자가 되었던 베른하르트 로트만(Bernhard Rothmann)이 1534년 1월에 재세례를 받았고, 일주일 후에는 수백 명의 사람들이 재세례를 받음으로써 뮌스터는 재세례파 도시가 되었습니다. 재세례를 거부한 사람들은 도시에서 추방되었는데, 2,000명 이상 쫓겨났습니다.

마테이스는 뮌스터 도시를, 하나님의 최후 심판에서 살아남기 위해 세례 받은 모든 사람들이 모여들 미래의 새 예루살렘으로 간주했습니다. 마테이스가 죽자, 그의 계승자

레이든의 얀이 다윗 왕위를 잇는 왕으로 등극한 후, 교회의 강력한 반대에도 불구하고 도시의 수많은 처녀들을 핑계로 중혼을 도입했습니다. 그는 독재의 권력을 휘둘렀고 도시는 도덕적 해이에 빠져 혼란스러웠습니다. 결국 새 예루살렘은 1535년 6월 25일에 무참하게 정복되었고, 6개월 후 레이든의 얀과 두 명의 주동자가 처형됨으로써 비극의 종말을 고했습니다.

뮌스터혁명은 그 도시의 개혁을 무위로 만들었습니다. 왜냐하면 혁명 이후 뮌스터는 로마가톨릭의 수중에 떨어졌기 때문입니다. 지상에 영원한 그리스도의 나라를 건설하겠다는 재세례파의 꿈은 허황되고 비참한 것이었습니다. 사회가 어수선할 때면 이러한 극단적 종말론자들은 어김없이 나타나 교회를 어지럽힙니다. 평화 시에는 그런 자들이 없을까요? 평화 시에는 다른 모습으로 나타납니다. 극단적 종말론자들은 대부분 단순히 공격적인 자세만 가진 것이 아니라 폭력적인 행동도 서슴지 않습니다. 또한 신비주의 전략과 더불어 강력한 독재적 리더십을 발휘하기 때문에 쉽게 도덕적 해이에 빠질 수 있습니다. 이런 경향을 보이는 자들을 항상 조심해야 합니다. 왜냐하면 그들에게 신앙은 자신의 목적을 이루는 수단에 불과하기 때문입니다. 그 목적은 세속적이고 이기적일 수밖에 없고 권력지향적일 수밖에 없으며 그 자신은 부도덕할 수밖에 없습니다. 그들은 자신의 불의를 회개하기는커녕 성경과 복음에 호소하면서 의로운 자를 불의한 자로 몰아세우는 특별한 재주를 지닌 간악한 자들입니다.

흔히 가난한 자들의 혁명, 사회주의자들의 혁명으로 알려져 있는 뮌스터 사건은 성경문자주의에 근거한 집단적인 신앙주의와 극단적 종말론이 만들어낸 대참사였습니다. '오직 성경'이라는 구호가 빚어낸 치명적인 오류였습니다. 성경의 통일성과 다양성 때문에 성경해석 역사에 대한 지식과 진지한 고민 없이는 성경을 오해하기가 십상입니다. 재림의 전조로서의 사회적 혼란, 예컨대 전쟁이나 천재지변과 같은 대재앙을 지나치게 문자적으로 받아들일 경우, 조금만 시대적 이상 징후가 포착되어도 쉽게 극단적 종말론에 빠질 수 있습니다.

이외에도 성경문자주의가 극단주의를 만나면 심각한 신앙적 해악을 초래합니다. 예를 들면, 그리스도께서 이스라엘 나라를 회복하실 재림의 시기를 선교사적 입장에서 말할 때, 사도행전 1:6-8을 근거로 복음이 '땅 끝까지' 전파되는 때라고 하는 경우가 허다합니다. 하지만 사실 이런 해석도 일종의 성경문자주의일 가능성이 높습니다. 이런 해석 때문에 '백 투 예루살렘'(Back to Jerusalem)과 같은 비성경적인 주장을 하는 이상한 집단도 생겨나게 되는 것입니다. 그 본문에서 눈여겨보아야 할 구절은 '때와 시기는 아버지께서 자기의 권한에 두셨으니 너희가 알 바 아니요'라는 말씀입니다. 이 말씀은 한 마디로 때와 기한에 대해서는 알려고 애쓰지 말라는 뜻입니다. 그리고 이 말씀은 마지막 종말이 도적같이 임한다는 다른 성경구절과 매우 잘 어울립니다. 따라서 우리에게 성령이 임하실 때 권능을 받아 땅 끝까지 복음전도의 사명을 감당해야 한다는 것만으로도 충분히 좋은 해석입니다.

평화의 시기든, 전쟁의 시기든, 모든 그리스도인들이 주님 오실 날을 간절히 기다리며 항상 깨어 있어야 한다는 것은 분명하지만, 재림의 전조나 재림의 시기를 구체적으로 알고 싶어 하는 일에 대해서 성경은 엄금하고 있습니다. 물론 성경구절을 문자적으로 받아들여야 할 내용과 그렇지 않은 내용을 구분하기란 쉽지 않습니다. 그럼에도 불구하고 성경에 나오는 구절이라고 무조건 절대적인 권위를 부여하거나 성경에 나오지 않는 단어나 문구라고 해서 무시하는 것은 매우 위험한 성경문자주의적 태도입니다. 평화의 시기에는 주님께서 오실 가능성이 희박한 반면에 전쟁 시에는 그 가능성이 크다는 식으로 해석하는 것은 재림의 전조에 대한 성경구절들 때문인데, 그 부분도 좀 더 성경 전체의 통일성을 고려하여 재해석할 필요가 있으리라 생각합니다. 아무튼 종말론에 지나치게 집착하는 것도, 종말론에 대한 의식 없이 사는 것도 확실히 신앙인의 도리는 아닙니다.

Q. 종교개혁의 왜곡은 어디서 어떻게 발생했습니까?

Q. 성경문자주의는 어떤 점에서 위험합니까?

Q. 뮌처가 주도한 혁명은 무엇입니까?

Q. 종교개혁시대의 극단적 종말론은 무엇을 의미합니까?

제3장
칼뱅의 종교개혁과 개혁교회

제3장
칼뱅의 종교개혁과 개혁교회

1536년: 개혁주의 정신과 신학이 공개되기 시작한 해

1536년은 개혁주의와 개혁교회에 상당히 의미 있는 역사적인 해입니다. 첫 번째 이유는 1536년에 「비텐베르크 일치신조」가 탄생했기 때문입니다. 이것은 비텐베르크의 종교개혁자 루터와 스트라스부르의 종교개혁자 부서 사이에 성사된 성찬론에 대한 합의문서였습니다. 이 사건은 잘 알려져 있지 않지만 교회연합을 위해 매우 중요한 의미를 부여할 수 있습니다. 왜냐하면 이 합의는 루터 진영과 츠빙글리 진영이 함께 모여 종교개혁 연합을 위한 3일간의 연석회의에도 불구하고 일치와 화해는커녕 상호 불일치와 불신만

키웠던 저 유명한 1529년의 마르부르크 종교담화를 극복한 사건이었기 때문입니다.

한마디로 1536년 루터와 부서 사이에 체결된 「비텐베르크 일치신조」는 최초의 성공적인 교회일치 문서라고 할 수 있습니다. 하지만 불행하게도 이 문서는 작성되자마자 루터 진영과 츠빙글리 진영 어디에서도 환영받지 못하는 천덕꾸러기가 되고 말았습니다. 루터 진영에서 환영받지 못한 결정적인 이유는 그 문서에 사인한 루터의 부서에 대한 지나친 불신 때문이었고, 츠빙글리 진영에서 환영받지 못한 결정적인 이유는 츠빙글리의 후계자 하인리히 불링거가 부서를 불쾌한 배신자로 여겨 모든 스위스 개신교 지역의 지도자들에게 그 문서를 수용하지 못하도록 강력하게 경고했기 때문입니다. 부서에 대한 불링거의 적대적인 자세와는 달리, 칼뱅은 부서를 훌륭한 종교개혁자로 존경하였습니다. 그래서 불링거에게 부서를 칭찬하면서 변호하곤 했습니다.

결국 부서의 교회연합정신을 이어 받은 칼뱅은 1549년에 불링거와 합의함으로써 제네바와 취리히 사이의 교회일치 문서인 「취리히 일치신조」를 작성하는 데 성공하게 되었습니다. 16세기 종교개혁자들 사이의 연합과 일치의 어려움은 그들의 역사의식 및 당시 시대적 분위기와 무관하지 않습니다. 왜냐하면 그들은 자신들의 일이 종교개혁이라는 엄청난 역사적 전환점이 되리라고 예상하지 못했을 뿐만 아니라, 그들 대부분은 신학적으로 연합하는 것을 불순한 타협이나 배신으로 간주했기 때문입니다. 이런 환경에서 부서와 칼뱅이 연합운동에 앞장 선 것 자체가 대단한 용기 없이는 불가능한 일이었습니다. 그래서 부서와 칼뱅은 교회 연합운동의 선구자로 평가받고 있습니다. 두 사람 모두 개혁파 종교개혁자이므로 교회연합정신은 천주교도, 루터교도, 성공회도 아닌, 개혁교회의 유산이라고 할 수 있습니다. 칼뱅은 교회연합을 위해서라면 10개의 바다도 기꺼이 건너겠다는 의지를 보였습니다.

1536년을 개혁주의와 개혁교회를 위한 결정적인 해로 간주할 수 있는 두 번째 이유는 칼뱅의 『기독교 강요』가 처음으로 출간된 해이기 때문입니다. 칼뱅의 『기독교 강요』는 16세기 이후 지금까지 개혁주의 신학 형성에 결정적인 역할을 해왔고 개혁주의를 세계적인 신학으로 확산시킨 주역입니다. 그 책은 1536년에 초판이 라틴어로 출간된 이후 1559

년 라틴어판까지 지속적으로 개정 증보되었습니다. 라틴어 개정판은 1539년에 출간되었는데, 이것은 칼뱅 자신이 번역하여 1541년에 불어판으로도 출판되었습니다. 이후에는 『기독교 강요』의 라틴어판이 나오자마자 1–2년 안에 불어 번역판을 출간했습니다. 불어번역판은 『기독교 강요』 신학자들과 지식인들만을 위한 책이 아니라, 신학을 공부하지 않아도 성경을 깊이 알기를 열망하는 사람이라면 누구나 충분히 읽을 수 있는 대중적인 성경 안내서이면서 동시에 종교개혁 신앙의 변증서가 되기를 원했던 칼뱅 자신의 저술 의도가 가장 분명하게 나타나는 책입니다.

1536년의 『기독교 강요』 초판은 신앙교육을 위해 작성된 1529년 루터의 대소교리문답서처럼, 사도신경과 주기도문과 십계명 및 성례(참 성례인 세례와 성찬, 거짓 성례인 나머지 5가지)를 해설하는 방식으로 저술되었는데, 루터의 신앙교육서 즉 대소교리문답에 없는 '그리스도인의 자유'라는 주제에 대한 설명을 마지막에 첨가하였습니다. 한 마디로, 1536년의 『기독교 강요』는 매우 상세하게 설명된 '신앙교육을 위한 해설서'였습니다. 그래서 칼뱅은 책 제목을 달 때 '안내' 또는 '길잡이'를 의미하는 '인스티투티오'(Institutio. '강요'로 번역됨)와 함께 동일한 의미의 '카테키스무스'(Catechismus)라는 단어로 부연 설명했던 것입니다. 이처럼 『기독교 강요』는 오늘날 조직신학서와 같은 의도로 저술된 책이기 보다는 오히려 바른 신앙을 가르치기 위해 작성된 '카테키스무스' 즉 '신앙교육서'였습니다. 이 책은 분량도 많지 않고 성경의 핵심적인 가르침을 십계명과 사도신경과 주기도문을 쉽게 해설하고 있기 때문에 읽기가 부담스럽거나 어렵지 않습니다. 또한, 이 한 권으로 성경의 핵심적인 가르침과 개혁주의 신학의 진수를 쉽게 파악할 수 있다는 큰 장점이 있습니다.

1536년이 개혁주의 신학과 교회에 중요한 해인 마지막 이유는 「제1 스위스 신앙고백」이 작성 출간되었기 때문입니다. 이 신앙고백서는 제목에서 짐작할 수 있듯이 스위스에서 종교개혁을 받아들인 여러 도시의 대표들이 함께 바젤에 모여 작성한 교회연학적인 문서였습니다. 이전에는 도시들마다 각각 자신의 신앙고백을 따로 가지고 있었지만, 「제1 스위스 신앙고백」의 작성으로 스위스 개신교 지역은 하나의 통일된 신앙고백을 갖게 되었습니다. 이 신앙고백서는 1566년 「제2 스위스 신앙고백서」가 나타나기 전까지 스위스 종교개혁 진영의 여러 도시들을 개혁주의 정신으로 통일하고 무장하는 역할을 감당했습니다.

호반도시 제네바의 종교개혁

레망(Lehman) 호수를 끼고 있는 스위스의 호반 도시 제네바는 칼뱅이 도착하기 전에, 즉 칼뱅이 제네바 종교개혁에 동참하기 전에 이미 종교개혁을 공식적으로 수용했습니다. 따라서 제네바를 종교개혁 도시로 만든 사람은 칼뱅이 아니라, 프랑스 출신의 종교개혁자 기욤 파렐(Guillaume Farel)이었습니다. 그는 프랑스 인문주의자들의 모임이었던 '모'(Meaux) 그룹의 일원이었는데, '모'는 프랑스 북부에 있는 도시 이름입니다. 1532년에 파렐이 처음으로 제네바를 방문한 후, 그 해 10월에 제네바에 최초의 복음주의 공동체가 세워졌습니다. 1535년 연말에 제네바 시 의회는 제네바의 지배권을 가지고 있던 주교로부터 그의 통치권을 완전히 폐지함으로써 제네바를 독립 도시로 만들었습니다. 그리고 1536년 5월 21일에는 제네바를 종교개혁 도시로 공식 선언했습니다.

제네바가 주교로부터 독립하는 데 결정적인 도움을 제공한 두 동맹 도시는 프라이부르크와 베른이었습니다. 프라이부르크는 로마가톨릭의 도시였고 1528년에 종교개혁을 수용한 베른은 개신교 도시였습니다. 두 동맹 도시 사이의 미묘한 종교적 대립이 제네바에 종교적 혼란을 야기하지 않았던 것은 1528년에 제네바의 독재자가 된 배장용 위그(Besançon Hugues)의 정치적 수완 때문이었습니다. 그는 옛 신앙인 로마가톨릭을 유지했고 이것이 프라이부르크의 도움을 받는 데 유리하게 작용했습니다. 하지만 1532년 그의 갑작스러운 죽음으로 제네바에 대한 프라이부르크의 정치력이 약화되었고, 반면에 베른의 정치력은 강화되기 시작했습니다. 심지어 제네바는 1534년 5월 15일에 프라이부르크와의 동맹 관계를 끊어버림으로써 베른에만 의존하게 되었습니다.

1532년의 정치적 변화 덕분에 루터를 따르는 종교개혁의 세력이 제네바에 침투할 수 있었습니다. 파렐은 베른의 안전통행권을 가지고 재빨리 제네바에 들어와 개혁을 설교함으로써 종교개혁의 지지 세력을 결집했습니다. 그러자 프라이부르크는 파렐을 제네바에서 추방하도록 시 정부에 강력하게 요구하면서 항의했습니다. 이런 프라이부르크의 방해 공작에도 불구하고 종교개혁의 물결은 빠른 속도로 제네바를 잠식했습니다. 베른은 제네바가 종교개혁의 도시가 되기를 원했기 때문에 물심양면으로 도왔습니다. 제네바가 정치적으로 독립 도시가 되고 종교개혁을 수용하게 되자, 이번에는 프라이부르크 대신 베른이 제네바에 대한 지배권을 행사하려고 했습니다. 이것이 뜻대로 이루어지지 못했던 이유는 제네바를 지배권을 행사하려는 새로운 경쟁자가 나타났기 때문입니다. 이 새로운 경쟁자는 제네바 접경국인 프랑스의 왕 프랑수아 1세였습니다.

1536년 제네바는 북쪽의 베른과 남쪽의 프랑스 중간이라는 지정학적 위치 덕분에 줄타기 곡예와 같은 아슬아슬한 독립을 유지할 수 있었습니다. 베른은 제네바의 독립을 위해 군대를 파병함으로써 결정적인 도움을 제공했음에도 불구하고 프랑수아 1세의 눈치를 보지 않을 수 없었기 때문에 제네바를 예속 도시로 만들지 못했습니다. 제네바 역시 베른에 예속되지는 않았지만, 베른의 정치적 간섭으로부터 완전히 독립한 상태도 아니었습니다. 16세기 유럽이 정교 일치의 시대였던 점을 감안하면 베른의 내정 간섭이 제네바의 종교개혁에서도 나타나는 것은 당연지사였습니다. 예컨대 파렐이 제네바에서 이미 모든 기독교 기념 절기를 폐지했으나, 베른은 그 가운데 성탄절과 부활절과 성령강림절을 다시 시행하도록 하는 등, 베른의 종교개혁 형식을 강요했습니다.

칼뱅의 1차 제네바 종교개혁 시기인 1536-38년에는 이러한 베른의 간섭을 적극적으로 수용한 보신주의자들이 막강한 정치 실세였습니다. 베른을 등에 업은 이 정치꾼들은 조항파, 즉 아르띠뀔랑(Articulants) 또는 아르띠쇼(Artishauds)라 불렸는데, 제네바와 베른의 동맹조항을 중시했기 때문에 붙여진 이름이었습니다. 이들과 갈등을 빚은 반대 세력은 기예르맹(Guillermins), 즉 기욤파였는데, 기욤 파렐이라는 이름에서 유래했습니다. 이들은 제네바 도시의 종교개혁에 관심이 많았기 때문에 파렐과 칼뱅의 개혁을 적극적으로 지지했습니다. 정치적으로는 베른의 예속 도시가 되지 않고 독립을 유지할 수만 있다면 프랑스의 군사적 도움도 마다하지 않을 준비가 되어 있었습니다. 파렐과 칼뱅은 우선 「제네바 신앙고백」을 작성하여 모든 시민에게 이 신앙고백서에 서명하도록 강요했는데, 만일 서명하지 않을 경우 제네바에서 추방시켜야 한다고 주장했습니다. 왜냐하면 그들은 제네바가 하나님께서 기뻐하시는 거룩한 도성으로 개혁되기를 원했기 때문입니다.

제네바에서 추방당한 사람은 「제네바 신앙고백」에 서명하지 않은 사람들이 아니라, 그것을 작성한 파렐과 칼뱅이었습니다. 파렐과 칼뱅 및 이들을 따르는 제네바 목사들은 서명하지 않는 사람들을 설교에서 비난했는데, 비난의 대상은 대부분 조항파였습니다. 그러자 조항파로 구성된 시의회는 설교단에서는 정치적 발언을 할 수 없다는 법령을 공포했습니다. 또한 부활절 성찬식에 무교병을 사용해야 하고, 누구든지 성찬식에 참여하게 하라고 목회자들에게 명령했습니다. 파렐과 칼뱅은 이러한 명령이 성경에 부합하지 않는다는 이유로 복종하지 않았고, 그 결과 추방당했습니다. 추방만 놓고 보면 칼뱅의 첫 번째 목회는 비참한 실패작으로 끝난 것 같습니다. 즉 정치꾼들과 진실한 목회자들이 맞대결한 1차 전투에서는 정치꾼들이 승리한 것처럼 보입니다. 하지만 그 싸움은 여기서 끝나지 않았습니다.

제네바에서 쫓겨난 칼뱅의 새로운 부임지 스트라스부르

제네바에서 쫓겨난 파렐은 칼뱅과 함께 바젤에서 몇 주

일을 지낸 후 뇌샤뗄로 옮겨 갔고 그곳에서 목사가 되었습니다. 칼뱅은『기독교 강요』의 두 번째 판을 준비하고 공부에 전념하기 위해 바젤에 남고 싶었습니다. 하지만 결국 칼뱅은 마르틴 부서의 무시무시한 경고 때문에 스트라스부르로 가지 않을 수 없었습니다. 여기서 그는 400-500명의 프랑스 망명객으로 새로이 구성된 교회의 목사가 되었습니다.

칼뱅은 스트라스부르에 도착한지 오래지 않아 시민권을 받을 수 있었습니다. 이것은 그가 제네바에서 죽기 5년 전에야 겨우 받았던 제네바시민권과 비교하면 그야말로 파격적인 예우였습니다. 뿐만 아니라 당시 스트라스부르는 제네바에 비해 2-3배나 큰 부유한 도시였습니다. 칼뱅은 1539년『기독교 강요』두 번째 라틴어판을 출판함으로써 바젤에 머물고 싶었던 자신의 꿈을 이루었습니다. 이것은 1536년 초판의 3배 분량이었습니다. 1540년에는 그의 첫 주석인『로마서 주석』을 출간했고, 1541년에는 여러 사람들의 요청에 힘입어 제네바에서 출판된『성만찬 소고』라는 소논문도 출간했습니다. 또한 1539년부터는 1538년에 세워진 교육기관 김나지움(gymnagium)에서 신약성경해석을 가르쳤습니다. 스트라스부르는 칼뱅에게 자신이 계획했던 것보다 훨씬 많은 것을 이루게 한 살기 좋은 도시였습니다.

스트라스부르 시절에 칼뱅이 경험한 가장 중요하고도 행복한 사건이라면 그것은 단연 결혼일 것입니다. 칼뱅은 1540년 8월 6일에 과부 이델레트 드 뷔르(Idelette de Bure)와 결혼했습니다. 그녀의 전 남편 장 스토르되르(Jean Stordeur)는 재세례파였는데, 칼뱅의 영향을 받아 그녀와 두 아이(아들 하나 딸 하나)와 함께 스트라스부르의 프랑스 회중에 합류한 후 오래지 않아 죽고 말았습니다. 1542년 7월 28일 그녀와 칼뱅 사이에는 자크(Jacques)라는 아들이 태어났으나, 태어나자 곧 죽었습니다. 칼뱅에게는 크나큰 고통과 시련이 아닐 수 없었습니다. 이들레프 역시 1549년 3월 29일에 사망했기 때문에 칼뱅의 결혼생활은 10년을 채 넘기지 못했습니다. 아내의 죽음 이후, 칼뱅은 피에르 비레에게 보낸 4월 7일자 편지에서 아내에 대해 이렇게 기록했습니다. '살아생전에 그녀는 나의 직무를 완성시키는 조력자였습니다. 그녀는 아주 사소하게라도 나의 길을 방해한 적이 없습니다.' 칼뱅은 아내가 죽은 이후에도 그녀와 전 남편 사이에 태어난 아이들을 살뜰하게 보살폈습니다.

스트라스부르 시절, 칼뱅은 자신과 파렐을 지지하던 후원자들, 즉 기예르멩으로 불리는 기욤파로부터 편지를 주고받았습니다. 이들 중에는 아미 페랭(Ami Perrin. 시 의회 의원)과 앙뚜완느 쏘니에르(Antoine Saunier. 1536년 5월에 설립된 라 리브[La Rive] 학교의 학장), 그리고 마뚜랭 꼬르디에르(라 리브 학교와 1537년부터 관련을 맺고 있던) 등이 포함되어 있었습니다. 이들은 새로 부임한 목사들인 자크 베르나르(Jacques Bernard), 장 모랑(Jean Morand), 앙뚜완느 마르꾸르(Antoine Marcourt), 그리고 한번도 제네바를 떠난 적이 없는 앙리 드 라 마레(Henri de la Mared)에 대해 불평하면서 그들의 성찬 집례에 자신들이 참여해야 하는지 고민을 털어놓았습니다. 칼뱅이 스트라스부르에 머무는 동안, 제네바로부터 다른 사람들이 그의 귀환을 위해 노력하고 있다는 사실을 알게 되었습니다. 하지만 칼뱅은 제네바에서 사역했던 기억을 '하루에도 수천 번씩 죽은 끔찍한 그 십자가'로 묘사하면서 차라리 다른 방법으로 백 번 죽는 것이 더 낫다고 말할 만큼 제네바에 돌아가고 싶어 하지 않았습니다. 칼뱅은 자신을 다시 제네바로 초청하려는 사람들을 말려달라고 파렐에게 호소할 정도였습니다.

1540년 9월 21일에 제네바 시 의회는 열렬한 칼뱅 추종자 가운데 한 사람이었던 아미 페랭에게 칼뱅을 제네바로 모셔올 방안을 강구하라고 지시했습니다. 또한 10월 22일에는 칼뱅에게 공식적인 서신을 보내어 돌아와줄 것을 정중하게 요청하기도 했습니다. 이 편지 때문에 칼뱅은 이틀 동안 밤잠을 설쳐야 했습니다. 그는 하나님의 부르심을 막중하게 여겼으므로 간단하게 포기할 수 있는 문제가 아니었습니다. 칼뱅은 목사란 언제나 하나님의 소명이 있는 곳에 머물러야 한다고 생각했고 내적인 확신과 신자들의 동의 없이는 결코 그곳을 떠나서도 안 된다고 가르쳤기 때문입니다. 이것은 파렐의 소명관이기도 합니다.

파렐은 칼뱅에게 제네바로 돌아갈 것을 종용했습니다. 아버지와 같이 존경하는 파렐의 강력한 권고 때문에 칼뱅의 갈등과 시름은 깊을 수밖에 없었습니다. 이런 고민은 칼뱅이 파렐에게 보낸 10월 24일자 편지에서도 잘 나타납니다. 이 편지에서 칼뱅은 만일 제네바로 돌아가는 문제를 결정할 권한이 자신에게 있다면 파렐이 원하는 것, 즉 자신이 제네바로 돌아가는 것을 선택하는 일은 결단코 자신에게 일어나지 않을 것이라고 불평했지만 결국 이렇게 고백했습니다. '그러나 그것이 저의 권리에 속한 것이 아니라는 것을 알기 때문에 저는 희생 제물로 제 심장을 주님께 바칩니다.' 이 편지 내용은 곧 칼뱅의 좌우명이 되었습니다. 그래서 칼뱅 기념주화에는 심장을 들고 있는 그의 두 손이 그려져 있고 '준비된 자세로 그리고 성실하게'(prompte et sincere. 신속하고 진지하게)라는 라틴어 문구가 새겨져 있는 것입니다.

1541년 9월 칼뱅은 드디어 제네바를 향해 출발했습니다. 살기 좋은 스트라스부르를 떠나 끔찍하고도 수치스러운 경험의 장소로 떠나는 일은 누구에게나 쉽지 않을 것입니다. 칼뱅을 기다리는 제네바는 개혁자가 통과해야 할 수많은 시련의 가시밭길로 가득했습니다.

호반도시 제네바의 종교개혁: 낯선 이방인의 승리

제네바로 돌아온 칼뱅은 잠시 머무르려는 계획만 갖고 있었습니다. 하지만 제네바 시 의회가 자신의 제안대로 교회법 초안을 작성하겠다고 결정하자 최선을 다해 언제나 제네바의 종이 되겠노라고 약속해버렸습니다. 여섯 명으로 구성된 시 의회와 칼뱅, 그리고 또 다른 네 명의 제네바 목사들은 새로운 교회법을 작성하기 시작했고 9월 26일 새로운 법안을 시 의회에 제출했습니다. 비록 칼뱅의 생각이 모두 포함된 것은 아니었지만 1541년에 작성된 교회법은 제네바 시 의회의 승인을 받았습니다. 이 교회법은 1547년에 증보되었으며 1561년에 상당 부분 수정되었습니다만 요지에는 큰 변화가 없었습니다. 이 교회법에서 칼뱅은 교회의 통치를 위한 '네 가지 직분' 즉 '목사, 교사, 장로, 집사'라는 항존 직분을 소개합니다. 그리고 목사와 장로로 구성된 제네바 교회치리회가 세워졌는데, 이것이 오늘날 당회의 기원입니다.

제네바로 돌아온 칼뱅은 자신이 쫓겨났던 일에 대한 변명도 쫓아냈던 사람들에 대한 원망도 하지 않았습니다. 칼뱅이 돌아와 설교한 첫 예배 시간에 제네바 시민들은 그가 무슨 말을 할지 관심이 컸습니다. 하지만 칼뱅은 직분자로서의 의무에 대해서만 말했을 뿐, 과거에 일어났던 일에 대해서는 한마디도 언급하지 않았습니다. 그리고는 마치 제네바에서 계속 사역을 해왔던 설교자인 것처럼, 1538년 추방당하기 전 마지막으로 설교했던 성경본문을 읽고 설교하기 시작했습니다. 칼뱅이 그렇게 한 이유는 과거에 일어났던 일들이 단지 직무상의 중단이었음을 보여주고자 했던 것입니다. 이것이 츠빙글리에 의해 시작된 '연속설교'(lectio continua)의 진수입니다. 칼뱅은 교회법을 제정한 후 곧장 시민법도 새롭게 마련했는데, 이것은 두 번에 걸쳐 모두 승인되었습니다. 이처럼 돌아온 칼뱅의 두 번째 제네바 개혁은 순조롭게 출발했습니다.

하지만 칼뱅의 개혁이 아무런 어려움 없이 일사천리로 진행된 것은 결코 아닙니다. 왜냐하면 칼뱅은 제네바 교회 치리회가 시 정부의 검찰권으로부터 독립된 영적 통치 권한을 가져야 한다고 강조했기 때문입니다. 즉 교회가 가진 말씀의 권세인 영적인 검은 세상 정부가 가진 통치권인 칼의 권세와 구분되어야 한다는 것이었습니다. 칼뱅은 출교권이 교회의 영적 권세에 속하는 것이라고 생각했는데, 이것은 징계 권한을 놓고 시 의회와 교회치리회 사이의 치열한 투쟁을 예고하는 것이었습니다. 이 투쟁에서 칼뱅에게 반기를 든 적들은 뜻밖에도 칼뱅을 제네바로 다시 청빙하는 일에 일등공신이었던 아미 페랭과 그의 일파, 즉 페랭파였습니다. 제네바 토박이(enfants de Genève) 귀족 출신인 그들은 칼뱅의 제네바 개혁을 방해하는 최대의 장애물이었습니다. 그들은 결혼을 통해 서로 연결되어 있는 혈연 집단이었습니다.

이들 때문에 칼뱅은 제네바에 돌아온 지 5년 정도 지났을 때 위기에 직면했습니다. 제네바 토박이들의 불만은 칼뱅이 새롭게 도입한 엄격한 생활방식이었습니다. 1545년 연초에 그들 중 한 명인 피에르 아모(Pierre Ameaux)가 아내의 부도덕한 행동을 빌미로 이혼하고 다른 사람과 재혼하려고 했을 때 그는 칼뱅이 자신의 이혼을 반대하는 것으로 여겨 칼뱅을 피카르디 출신의 불량자요, 거짓된 교리의 설교자라고 비난했습니다. 그는 그 이유로 모자 없이 횃불을 들고 시내를 돌면서 하나님과 시 의회와 칼뱅에게 자비를 호소하는 수모를 겪어야 했습니다. 이 사건은 칼뱅의 엄격한 도덕적 개혁에 불만을 가진 제네바 토박이들을 결집시켰습니다. 이들의 수장은 다름 아닌 페랭이었는데, 칼뱅은 그를 '작은 황제'로 불렀습니다. 그의 아내는 파브르 가문 출신이었습니다.

1546년에는 칼뱅이 제네바에 도착하기 훨씬 전에 제정되었던 춤 금지법 위반 사건이 발생했습니다. 이 사건에 연루된 사람들 중에는 시장관인 앙블라르 코르느(Amblard Corne)와 포병대 대장인 아미 페랭의 아내가 포함되어 있었습니다. 이 사건으로 교회치리회와 페랭-파브르 가문 사이의 대립과 반목은 심각하게 악화되었습니다. 페랭 역시 더 이상 칼뱅과 화해할 수 없는 루비콘 강을 건넜습니다. 설상가상으로 페랭은 당시 복잡했던 제네바 정치에 휘말려 1547년 연말에 모든 관직을 박탈당하고 추방되었습니다. 하지만 페랭과의 질긴 싸움은 쉽게 끝나지 않았습니다.

1548년 가을에 칼뱅은 또 한번의 시련을 겪어야 했습니다. 칼뱅이 제네바에서 축출될 것이라는 소문이 나돌았고 11월 선거에서는 칼뱅의 대적들인 페랭파가 승리했습니다. 페랭파는 사법부와 관련된 주요 관직을 차지하게 되었고, 설상가상으로 칼뱅이 염려한 일어 벌어졌는데, 1549년 2월 페랭이 수석 시장으로 선출되었습니다. 칼뱅의 종교개혁은 절망적인 위기에 봉착하는 것 같았습니다. 하지만 우여곡절 끝에 1555년 2월에 거행된 선거를 통해 칼뱅의 추종자들이 페랭파를 물리치고 승리를 얻었는데, 당선된 4명의 시장 모두 칼뱅을 지지했습니다. 이것은 낯선 이방인의 승리였습니다. 이 승리는 전혀 예상할 수 없는 극적인 결과였습니다. 페랭파는 최후의 발악을 했지만 결국 완전히 패배하여 재기가 불가능했습니다. 1555년 이후 칼뱅의 제네바 개혁은 매우 순조롭게 진행되었으나, 정작 제네바 개혁을 위해 사력을 다해 싸운 칼뱅은 치열한 전투에서 얻은 온갖 질병 때문에 평화로운 9년의 생애 말년을 질병과 싸워야 했습니다.

가슴 따뜻한 목회자 칼뱅의 쓰라린 인생 이야기

'개혁주의자'는 '칼뱅주의자'를 의미합니다. 물론 학자에 따라 '개혁주의'와 '칼뱅주의'가 구분되기도 하지만, 이런 구분이 역사적으로 증명되기는 쉽지 않아 보입니다. 만일 두 용어가 같은 의미라면 개혁주의의 중심 뿌리는 당연히 칼뱅일 것입니다. 칼뱅을 모르고 개혁주의를 논하는 것은 어불성설입니다. 그렇다면 우리는 칼뱅에 대해 얼마나 알까요? 우리에게 익숙한 칼뱅의 인상은 눈매가 매서운 날카롭고 냉정한 모습일 것입니다. 하지만 실제로 칼뱅은 슬픔과 고통을 공감할 줄 아는 매우 따뜻하고 다정다감한 목회자였습니다. 이런 목회자의 모습은 의외이고 잘 알려져 있지 않을 뿐만 아니라, 아마도 매우 낯설지도 모르지만 칼뱅에 대한 가장 정확한 묘사입니다. 지금까지 그가 교리학자, 성경주석가, 정치가, 행정가, 교수 및 설교자로는 잘 알려져 있습니다. 하지만 칼뱅이 제네바에서 수행한 가장 중요한 사역은 바로 27년 동안의 목회였습니다. 칼뱅은 제네바의 모든 시민들에게 가장 존경받는 목회자로 생을 마감했습니다. 칼뱅은 인생의 수많은 역경을 경험했기 때문에 가슴 따뜻한 목회자가 될 수 있었습니다. 이 사실을 간과한다면 칼뱅을 제대로 알지 못하는 것입니다.

'칼뱅'은 프랑스 종교개혁자 장 칼뱅(Jean Calvin)의 독일식 발음입니다. '요한 칼뱅'이라고 하는 것이 한국적이라 생각합니다. '요한'이라는 이름은 이미 성경을 통해 우리에게 매우 익숙합니다. 그런데 이 이름도 독일어로는 대체로 '요하네스'이고, 영어로는 '존'이나 '잔'이고, 불어로는 '장'입니다. 칼뱅의 불어 본명은 '코뱅'(Cauvin)인데, 이것을 라틴어로 바꾼 이름이 '칼비누스'(Calvinus)이며, 이 라틴어 이름이 다시 불어 이름 '칼뱅'이 된 것입니다.

칼뱅의 고향은 누아용(Noyon)이라는 프랑스 북부의 작은 마을입니다. 아버지 제라르 코뱅(Gérard Cauvin)과 어머니 잔느 르프랑(Jeanne Lefranc) 사이에 태어난 5명의 아들 가운데 둘 째였습니다. 형 샤를르(Charles)는 신부가 되었고, 바로 밑의 동생 두 명은 어린 나이에 죽었습니다. 막내 앙뚜완느(Antoine)는 칼뱅과 함께 제네바에 살면서 그의 신실한 협력자가 되었습니다. 칼뱅의 생모가 죽은 후 아버지 코뱅은 재혼하여 두 명의 딸을 낳았습니다. 둘 중 한 명은 누아용에 남았고, 다른 한 명의 이복동생인 마리(Marie)는 두 오빠와 함께 제네바에서 생활했습니다. 어린 시절 칼뱅은 똑똑하여 귀족의 자녀들과 함께 배울 수 있는 좋은 교육을 환경 속에 있었지만 유복했던 것만은 아니었습니다. 왜냐하면 어린 시절 두 동생의 죽음과 어머니의 죽음을 경험했기 때문입니다. 결혼 후 낳은 유일한 아이의 죽음과, 결혼한 지 10년을 채 넘기지 못하고 떠난 아내의 죽음을 경험해야 했습니다. 세상사 가운데 사랑하는 사람을 잃는 것보다 더 슬픈 일은 없을 것입니다. 칼뱅은 어린 시절부터 고향에서 사랑하는 가족을 잃는 슬픔뿐만 아니라, 어른이 되고 결혼을 한 후에도 타국의 이방 땅에서 가족의 죽음을 목도해야 했습니다.

칼뱅은 자신에 대한 이야기를 잘 하는 편이 아닙니다. 이 것은 자신의 이야기를 자주 들려주었던 종교개혁자 루터에 비해 칼뱅의 전기를 쓰기가 훨씬 어려운 이유이기도 합니다. 아마도 칼뱅은 자신이 하나님의 영광을 가로채지나 않을까 항상 노심초사하며 살았던 것 같습니다. 그래서 죽는 순간에도 자신의 무덤에 비석을 세우지 말라고 유언을 남겼던 것입니다. 칼뱅은 고국을 떠나 평생 이방 땅에서 피난민으로 살았고, 고국에 돌아가고 싶은 꿈을 포기하지 않았지만 결국 그 이방 도시 제네바에서 지상의 생을 마감해야 했습니다.

칼뱅의 헌신적인 도움 덕분에 종교와 사회의 개혁 및 정치적 독립이라는 두 마리 토끼를 한꺼번에 잡은 도시 제네바는 사실상 단 한번도 칼뱅을 진심을 다해 공적으로 환영한 적이 없습니다. 진심어린 환영은커녕, 오히려 홀대와 비난과 협박뿐만 아니라 추방도 서슴지 않았던 도시였습니다. 제네바에서의 마음고생 때문에 말년의 칼뱅은 걸어다니는 종합병원이라고 말할 정도로 온갖 질병과 통증에 시달려야 했습니다. 칼뱅이 죽었을 때 제네바 도시 전체가 그의 죽음을 그렇게 애도했던 이유는 어쩌면 그들이 지금까지 그를 괴롭히고 그에게 저지른 패악을 뒤늦게 후회했기 때문인지도 모릅니다. 이방인 칼뱅은 그 어떤 제네바 토박이보다 더 열심히 제네바의 개혁을 위해 헌신했습니다. 칼뱅은 하나님의 교회를 위해 살고 죽었던 인물이었습니다. 칼뱅의 수고 덕분에 제네바는 당대 유럽에서 가장 거룩한 도시로 거듭날 수 있었습니다.

칼뱅의 삶은 자신을 위한 것이 아니라 오직 하나님께서 기뻐하시는 그분의 뜻을 이루기 위한 것이었다고 해도 결코 과언이 아닙니다. 왜냐하면 그는 하나님의 일을 위해 자신이 소원하는 일을 끊임없이 포기하는 삶을 살았기 때문입니다. 그래서 최고의 프랑스 칼뱅 연구가 가운데 한 사람인 장 카디에르(Jean Cadier)는 자신의 뛰어난 칼뱅 전기 제목을 『칼뱅, 하나님이 길들인 사람』(Calvin, l'homme que Dieu a dompté)로 잡았던 것입니다. 그는 칼뱅에 대해 다음과 같이 평했습니다. '그 인물은 건강이 나빠서 언제나 허약한 모습이었으나, 가장 위대한 정신적 투사 중의 한 사람이요, 승리자였다. 그가 그처럼 승리할 수 있었던 것은 그 자신의 힘에 의해서가 아니라, 그를 꺾고 길들이신 주님의 능력에 의해서였다. 그의 승리는 끊임없는 자기부정으로부터 비롯된 것이었다.' 이것이 칼뱅의 인생에 대한 가장 적절한 표현입니다. 하나님께서는 칼뱅의 쓰라린 인생 역경을 통해 그를 전투적이면서도 가슴 따뜻한 목회자로 거듭나게 하셨습니다.

교회의 항존직: 목사(교사)와 장로와 집사

참교회를 거짓교회로부터 구분하는 교회의 표지, 로마교의 교황이 사도직 계승인지의 논쟁, 이와 관련하여 교회의 직분들을 특정한 시대에만 국한되는 일시적인 것과 시대를 초월하여 계승되는 지속적 것으로 구분하는 문제 등은 16세기 종교개혁시대에야 비로소 대두되기 시작했습니다. 오늘날 교회에서 통용되는 교회법적 용어인 '항존직' 역시 종교개혁자들에 의해 주장된 것입니다. 많은 사람들은 이 '항존직'을 죽을 때까지 할 수 있는 '평생직'으로 오해하는 경향이 있습니다. 항존직이란 특별한 시대에만 제한되는 것이 아니라, 모든 시대의 교회에 항상 필요한 직분이라는 뜻입니다. 즉 '교회에 항상 존재해야 할 직분'이라는 뜻입니다. 장로교회는 장로와 집사를 그와 같은 항존직분이라고 가르칩니다.

이러한 항존직분의 개념은 칼뱅의 가르침을 반영한 것인데, 스트라스부르의 종교개혁자 마르틴 부서(Martin Bucer)에게서도 발견됩니다. 부서는 1538년에 출간한 자신의 책 『참된 목회에 관하여서』에서 목회를 두 종류의 사역으로 구분했는데, 하나는 '말씀과 치리의 사역'이고, 다른 하나는

'곤궁 속에 있는 세상적 돌봄을 위한 사역'입니다. 부서에 따르면, 주님께서는 이 두 사역을 위해 모든 시대의 교회에 공통적으로 허락하신 직분이 있는데, 첫 번째 사역을 위해서는 감독과 교사를, 두 번째 사역을 위해서는 집사를 주셨습니다. 여기에 사용된 단어, '감독'이란 목사뿐만 아니라, 장로도 포괄하는 용어인데, 부서는 감독 사역을 수행하기 위해 성령께서 교회에 세우시는 직분이 장로라고 주장했습니다. 부서처럼 칼뱅도 교회의 항존직을 목사와 교사와 장로와 집사로 구분했습니다. 또한 목사는 가르치는 장로직분으로, 장로는 다스리는 장로직분으로 구분했습니다.

중세시대 천주교회에서 집사는 신부가 되기 위한 하나의 과정이었으므로, 집사직분이란 당연히 '말씀과 치리의 사역'을 위한 것이었으나, 부서나 칼뱅은 이처럼 오용되던 집사직분을 성경의 가르침에 따라 재정 관리와 구제를 위한 교회의 직분으로 복원했습니다. 부서는 영혼을 위해 필요한 '말씀과 치리의 사역'을 담당하는 직분뿐만 아니라, 육신을 위해 필요한 '구제 사역'을 담당하는 직분까지도 '목회'를 위한 필수 직분으로, 또한 모든 시대의 교회를 위한 항존 직분으로 간주했습니다. 이런 생각은 칼뱅의 『기독교 강요』에서도 잘 나타납니다. 장로를 가르치는 장로직분과 다스리는 장로직분으로 구분하듯이 칼뱅은 집사도 두 종류, 즉 재정을 관리하는 집사직분과 직접 구제하고 보살피는 집사직분으로 구분했습니다. 부서는 하나님께 드리는 예배를 단순히 일정한 시간과 장소에 모여 예배하는 행위로만 정의하지 않고, 그리스도인의 삶 전체로 확대 해석했는데, 이 해석은 '너희 몸을 거룩한 산 제사로 드리라'는 말씀에 근거한 것이었습니다. 칼뱅 역시 그렇게 가르쳤습니다. 부서와 칼뱅 모두 예배 시간의 '헌금'을 '나눔'으로 규정했는데, 특히 부서는 이 '나눔'을 단순히 육체적인 것으로만 국한하지 않고 영적인 것의 나눔으로까지 확대하도록 강조했습니다. 즉 성도는 영적인 것이든 육적인 것이든 모든 좋을 것을 함께 나누어야 한다고 주장했던 것입니다. 칼뱅 역시 하나님으로부터 받은 모든 은사는 누리기 위한 것이 아니라, 나누기 위한 것이라고 강조했습니다.

그런데 여기서 항존직에 대한 부서와 칼뱅의 가르침에서 눈여겨보아야 할 특이한 직분은 '교사'입니다. 이 단어는 오늘날 교회 주일학교에서 가르치는 중·고·대학부의 교사로 오해되기 십상인데, 사실상 여기서 말하는 '교사'는 오늘날 '신학교 교수'에 가까운 의미입니다. 혹여 '어떻게 신학교 교수가 교회의 항존 직분이지?'라는 의문이 들 수도 있습니다. 부서와 칼뱅은 교사 직분의 근거를 에베소서가 말하는 '목사와 교사'에서 찾았습니다. 여기서 목사가 곧 교사이고, 교사가 곧 목사이다라고 생각하지는 않았습니다. 칼뱅은 목사와 교사의 차이를 치리권의 유무로 구분했습니다. 즉 목사에게는 치리권이 있지만, 교사에게는 치리권이 없다고 설명했습니다. 목사는 교회를 맡고 있기 때문에 회중을 다스리는 치리권이 있어야 하지만, 교사에게는 치리의 대상인 회중이 없으므로 치리권이 필요 없는 것으로 보았습니다. 여기서 우리는 목사와 장로의 차이는 '가르치는 사역'의 유무에, 목사와 교사의 차이는 '다스리는 사역'의 유무에 달린 것으로 보았다는 사실을 알 수 있습니다. 즉 목사는 가르치는 사역과 동시에 다스리는 사역을 위해 부름을 받은 반면에, 장로는 다스리는 사역을 위해서만, 교사는 가르치는 사역을 위해서만 부름을 받은 교회직분으로 구분했다는 사실입니다.

부서와 칼뱅이 교회 직분을 강조한 것은 교회의 항존 직분인 목사(교사)와 장로와 집사는 모두 그리스도의 몸인 교회를 함께 세워가야 할 협력자들이라는 차원에서 였습니다. 그들의 유일한 존재 이유는 그리스도의 몸을 온전하게 세우는 것뿐입니다. 그들은 모두 머리이신 그리스도를 중심으로 협력해야 합니다. 그러므로 교회를 세우지 못하는, 오히려 교회를 무너뜨리는 어떤 직분도 교회의 직분으로는 합당하지 않습니다. 교회의 어떤 직분도 자신의 개인적인 영달을 위한 수단이 될 수도 없고 되어서도 안 되는 이유가 바로 여기에 있습니다. 교회의 모든 영광은 교회의 유일한 머리이신 그리스도 한 분만의 것입니다. 나머지 지체들은 몸의 질서에 따라 은사를 받은 대로 자신의 소임을 감당하되 다른 지체의 유익을 위한 방식으로 최선을 다해 섬겨야 합니다. 이런 섬김 자체가 하나님의 영광이요, 동시에 자신의 영광입니다.

당회의 기원

개혁교회와 장로교회에는 '치리회'라는 것이 있습니다. 그리고 역사적으로 이 치리회는 범위에 따라 당회, 좁은 지역을 관할하는 시찰회, 넓은 지역 혹은 일정 지방 전체를 관할하는 노회, 모든 노회의 대표 모임인 총노회로 구분됩니다. 오늘날 우리 고신교회에서는 시찰회가 더 이상 치리회가 아닙니다. 그리고 당회는 한 개체교회의 치리회를, 지역(지방)노회는 일정 지역의 치리회인 노회를, 총노회는 모든 노회에서 파송하는 총대들의 모임인 총회를 의미합니다.

그런데 이러한 치리회도 기원이 있습니다. 개혁교회 및 장로교회 치리회의 기원은 16세기 제네바의 치리회인 '콘시스토리움'(Consistorium) 즉 불어로 '콩시스투아'(Consistoire)입니다. 이 명칭의 영어 단어가 '컨시스토리'(Consistory)이고 이것이 '당회'로 번역된 것입니다. 제네바치리회의 설립 동기는 아직까지 정확하게 밝혀지지 않았습니다. 당시 정치적으로 베른 영향 아래 있던 제네바가 1540년에 베른으로부터 영적 문제를 다루기 위한 치리회 설립을 강요받았는데, 혹 이것이 설립 동기가 아닐까 추정됩니다. 하지만 제네바는 자신의 도시가 작다는 핑계로 그런 기구가 불필요하다고 대답했습니다.

이 시기에 제네바 정부는 자신들이 추방한 칼뱅을 다시 제네바로 초청하기로 결정하고 칼뱅에게 이 사실을 알렸으나, 칼뱅은 이 요청에 즉각 부응하지 않았습니다. 대신에 칼뱅은 스트라스부르 목사들의 충고에 따라 제네바 정부에 피에르 비레(Pierre Viret)를 초청하도록 권면했고, 제네바 정부는 그의 제안을 수용했습니다. 1541년 1월 중순 경에 도착한 비레의 주도로 동년 4월 5일에 치리회의 초안이 작성되었습니다. 하지만 인준은 연기되었습니다. 제네바 당국은 칼뱅이 9월 13일에 제네바로 돌아온 이후인 11월 20일에야 치리회 설립을 인준하는 '교회법'을 통과시켰는데, 이것이 오늘날 장로교 치리회 설립의 기원입니다.

물론 당시 제네바의 치리회와 유사한 치리회들이 없지는 않았습니다. 가령 취리히에서는 1525년에 설립되었고, 베른에서는 취리히의 모범을 따라 1528년에 설립되었던 치리회가 성가대법정(Chorgericht)이나 결혼법정(Ehegericht) 혹은 치리회(Consistorium)로 불렸습니다. 하지만 이것은 제네바 치리회와 달랐습니다. 취리히와 베른의 치리회는 모두 6명, 즉 소의회에서 2명, 대의회에서 2명, 그리고 목사 2명으로 구성된 반면에, 제네바의 치리회원은 약 25명이었고 해마다 선출되는 12명의 장로(소의회에서 2명, 60인회에서 4명, 200인회에서 6명)와 제네바시의 모든 목사(시대별로 9명에서 25명까지)들로 구성되었습니다. 즉 취리히와 베른 치리회는 정부 주도적인 시민 법정의 성격이 강한 순수 정부기구였지만,

제네바치리회는 국가와 교회의 협력기구로 출발했습니다.

칼뱅은 처음부터 죽을 때까지 이 치리회가 정부로부터 독립적인 교회만의 통치기구이어야 한다고 주장했고, 이러한 독립성을 확보하기 위해 제네바 시 의회와 사투를 벌였습니다. 제네바치리회는 사회도덕적 성격에도 불구하고 목회적 성격이 강한 교회 법정이었습니다. 이러한 목회적 치리회의 성격은 스트라스부르의 치리회인 '키르컨플레거'(Kirchenpfleger. 7개의 교구에서 각 3명씩 모두 21명으로 구성)와 비슷한데, 칼뱅이 그곳에서 목회를 했기 때문에 이 기구에 대해 누구보다 잘 알고 있었습니다. 제네바치리회의 목회적 성격은 칼뱅이 장로의 자격을 '무엇보다도 하나님을 두려워하고 영적인 지혜를 지닌' 사람으로 규정한 점에서 만이 아니라, 또한 1561년의 '제네바 교회법'에서 당시 제네바 주위 도시들의 치리회(Consistorium)와 구분되는 '교회치리회'(Consistoire Ecclesiastique)라는 용어를 사용했다는 점에서도 분명하게 드러납니다.

하지만 제네바치리회의 이런 교회적 성향에도 불구하고 이 치리회가 오늘날 당회와 동일한 것으로 간주될 수는 없습니다. 왜냐하면 구성 형태가 전혀 다르기 때문입니다. 오늘날 당회와는 달리, 제네바치리회는 제네바 시내에 있는 교회들뿐만 아니라, 제네바 시가 관할하는 주변 지역의 모든 교회를 감독하는 기구였습니다. 또한 16세기는 오늘과 달리 정교일치(政敎一致)의 기독교 국가 시대였기 때문에 제네바치리회는 단순히 교회만의 일이 아니라, 시 정부와의 공동 업무였습니다. 그러므로 이러한 상이성에 대한 고려 없이 칼뱅 시대의 제네바치리회를 오늘날 당회의 원형으로 간주하는 것은 많은 오해를 불러일으킬 수 있습니다. 제네바치리회는 엄밀하게 말하자면 오늘날 개교회의 당회라기보다는 오히려 '치리권을 가진 시찰회'나 '소규모 지역의 노회'라고 생각하는 것이 더 정확할 것입니다.

제네바치리회는 제네바 전체 교회를 목회하는 목사들에게 상당한 영향을 끼쳤습니다. 기독교교리의 문제와 신앙생활의 문제 모두를 다루었고 문제를 정확하게 조사하고 진단했을 뿐만 아니라, 그에 대한 적절한 시벌을 명령하고 해벌을 선언하는 일도 했습니다. 그리고 교회 재정 사용이 주요 업무가 된 오늘날 당회와는 달리, 주로 가르침의 교리적 문제와 삶의 윤리적인 문제를 취급하는 기구였다고 볼 수 있습니다.

당회의 기원: 교회 직분자와 당회의 구성원

1541년과 1561년의 『제네바교회법』과 『기독교 강요』 (1559) 4권 11장에서 치리회에 대해 칼뱅은 '교회의 모든 사법권은 도덕적 권징에 속하는 것'이며, 따라서 '교회에 세워진 법원은 도덕적인 문제에 대한 징계를 다루는 곳이다'라고 말했습니다. 칼뱅에게는 마태복음 18장의 묶고 푸는 열쇠권능이 그와 같은 교회 사법권의 근거였습니다. 이 열쇠권능을 칼뱅은 마태복음 16장 및 요한복음 20장에 근거한 말씀선포로서의 열쇠권능과 구별합니다. 그리고 교회의 영적 치리권이 시민적인 강제권과 완전히 다른 성질의 것이며, 교회가 그와 같은 자신의 영적 권세를 행사하지 않고는 바르게 유지될 수 없다는 점을 강조합니다.

칼뱅은 교회의 영적 치리권이 기독교 정부나 기독교 국가에서도 폐지될 수 없는 교회의 고유한 사역으로서 시민적 처벌과 구별되는 독립성을 유지해야 한다고 강조했는데, 이것은 기독교 국가와 정부에서 교회의 치리권이 국가와 정부에 귀속된다고 주장한 에라스투스(Erastus)의 에라투스주의(Erastianism)와 확실하게 구분됩니다. 이와 같은 칼뱅의 교회 치리 사상은 후대의 개혁교회가 영적 치리권의 독립성에 중요성을 부여하는 근거와 계기가 되었습니다. 칼뱅에게 교회의 영적 치리권은 한 사람에게 맡겨진 것이 아니라, 시의회와 비교되는 '장로회'에 맡겨진 것입니다. 또한 『기독교강요』 4권 12장 7절에서는 군주든 평민이든 아무도 이 교회의 권징에서 제외될 수 없으며 장로회에 의한 치리권 행사가 소수 독재가 되지 않도록 하기 위해서는 교회 전체가 그일에 동참해야 한다는 사실을 강조합니다. '내가 다만 여기에 추가하는 것은 사람을 출교시킴에 있어서 이것이 바울이 증거하는 합법적인 과정이라는 것이다. 즉 장로들만 그것을 하는 것이 아니라, 교회 역시 그 내막을 알고 승인함으로써 동참하는 것이다. 그렇게 함으로써 분명한 것은 다수의 평민이 직접 행동하지는 않지만, 그것이 소수의 욕망에 따라 처리되지 않도록 증인과 감시자와 같은 역할을 하게 된다는 것이다.'

「제네바교회법」은 교회직분을 네 가지, 즉 목사, 교사(교수), 장로, 집사로 제시합니다. 목사의 임무는 설교와 성찬 집행과 치리 시행에 있고, 교사의 임무는 무지나 악한 교리들로부터 복음의 순수성을 지키기 위해 신자들을 참된 교리로 교육하는 데 있으며, 장로의 임무는 모든 사람들의 생활을 감독하는 데 있고, 집사는 두 종류로서 구제와 재정을 담당하는 집사와 병자, 가난한 자, 과부, 노약자들을 돌보는 집사로 구분됩니다. 이것은 칼뱅의 『기독교 강요』의 내용과 일치합니다. 이 네 직분 가운데 목사와 장로만이 제네바치리회를 구성원이었는데, 오늘날 장로교 치리회, 즉 당회와 노회와 총회도 역시 제네바치리회의 모범을 따라 목사와 장로로 구성된 것입니다.

1559년의 「프랑스신앙고백」과 1561년의 「벨직신앙고백」(네덜란드 신앙고백)은 교회직분을 세 가지 즉 목사, 감독(장로), 집사로 분류합니다. 「벨직신앙고백」은 이 세 직분이 교회치리회(당회)를 구성하는 것으로 가르칩니다. 이 가르침에 근거하여 1571년의 엠든(Emden) 총노회는 각 교회의 목사와 장로와 집사가 함께 최소한 매주 한 번 당회로 모일 것을 결의했습니다. 오늘날 사용되는 개념과 대동소이한 당회(kerkeraad), 시찰회(classis), 지방노회(provinciale synode), 총(노)회(총회, generale synode)라는 명칭과 개념은 이미 이 총(노)회에서 나타납니다.

네덜란드 개혁교회의 당회 기원을 간단하게 살펴보면 다음과 같습니다. 1574년의 도르트레흐트(Dordrecht) 총회는 엠든 총회의 당회구성에 대한 조항을 해설하면서 각기 그 목적에 따라 목사와 장로로 구성된 모임(당회)과 집사들로 구성된 모임(집사회)이 각각 따로 구성되는 것으로 가르칩니다. 그리고 장로가 부족한 곳에서는 집사가 당회의 일원이 될 수 있다고 설명하는데, 이것은 목사와 장로의 위치를 집사의 위치로부터 구분했다는 것을 의미합니다. 1581년 미덜뷰러흐(Middelburg) 총회에서는 장로가 적은 교회에서는 집사가 당회원이 될 수 있다는 예외규정을 인정했지만, 집사들로 구성되는 집사회에 관한 조항을 목사와 장로로 구성되는 당회에 관한 조항에서 완전히 분리하여 다룸으로써 당회는 실제로 목사와 장로로 구성된다는 점을 이전보다 더 분명하게 명시했습니다. 그리고 이 총회에서 처음으로 교회직분에 교수직을 포함시킴으로써 교회의 네 직분을 가르치기 시작했습니다.

1586년의 스흐라펀하허('s-Gravenhage) 총회와 1618-1619년의 도르트레흐트 총회에서는 한두 명의 정부인사도 교회치리회에 참여할 수 있다는 조항을 만들었습니다. 당시 교회와 정부의 문제가 상당히 심각한 것이어서 지방노회 마다 자신의 형편에 따라 도르트레흐트 총회의 결정을 수정하거나 거부하기도 했기 때문에 정부인사가 당회에 참여하는 일은 화란개혁주의 전통으로 자리잡지 못했습니다. 정부가 교회치리회에 참여하는 일에 대해서는 오늘날 정부와 교회의 관계가 상호 독립적이고 분리적인 것과 달리, 16-17세기 유럽의 정부와 교회는 한 덩어리였기 때문에 상호 의존적일 수밖에 없었다는 사실을 감안하지 않으면 오해할 가능성이 큽니다.

Q. 종교개혁에서 '1536년'이 왜 중요합니까?

Q. 칼뱅은 스트라스부르에서 무엇을 성취했습니까?

Q. 칼뱅이 제네바에서 종교개혁을 성취할 수 있었던 근거들은 무엇입니까?

Q. 교회의 항존직은 무엇입니까?

제4장
개혁교회의 신학교와
사회복지제도

제4장
개혁교회의 신학교와
사회복지제도

개혁신학교의 모델: 제네바아카데미

신학교(Seminary; Theological College; Divinity School)의 기원은 아마도 중세수도원학교와 중세대학으로까지 거슬러 올라가야 할 것입니다. 16세기 종교개혁 이후 개신교의 신학교를 논할 경우, 1502년에 설립된 비텐베르크 대학이나 1558년에 설립된 예나(Jena) 대학을 배제하고 루터교회의 신학교 원형에 대해 논하기 어렵고, 개혁교회의 신학교 원형에 대해서는 1386년에 설립되어 1560년대에 개혁신학의 보급처가 된 하이델베르크 대학, 그리고 1559년에 설립된 제네바아카데미를 빼고 논할 수 없습니다.

　제네바아카데미가 최초의 개혁교회 신학교는 아닙니다. 왜냐하면 1520년대 중반에 이미 취리히에 원시적인 신학교 형태의 '예언회'라는 것이 존재했고 뿐만 아니라 당시 독일 남부의 자유제국도시 스트라스부르도 1538년에 '김나지움'을 세워 신학을 가르쳤기 때문입니다. 제네바아카데미는 비록 최초의 개혁교회 신학교는 아니지만, 16세기 이후 설립된 개혁교회의 여러 신학교와 신학대학교의 모델이 된 것만은 분명합니다. 가장 좋은 예는 1575년에 세워진 네덜란드 최초의 대학 레이든(Leiden) 대학을 들 수 있습니다. 이 대학의 모델은 하이델베르크 대학이라기보다는 오히려 제네바아카데미였습니다.

　칼뱅이 1541년 스트라스부르에서 제네바로 돌아온 직후 새로운 학교를 설립할 계획이었으나, 산적한 다른 업무들로 인해 곧장 실행하지 못했습니다. 가장 중요한 것은 새로운 건물과 학교를 운영할 재정을 확보하는 일이었습니다. 1558년 초 부르드푸(Bourg-de-Four) 구호소 근처에 적당한 장소를 찾았으나 건축을 위한 시 정부의 재정이 없었기 때문에 새로운 교육기관을 위한 모금운동이 벌어졌고, 상당한 액수가 모금되었는데 칼뱅은 이 운동의 주동 인물이었습니다.

제네바아카데미 설립자 칼뱅은 드디어 1559년 6월 5일에 생 피에르 교회에서 열린 집회를 통해 새로운 아카데미 개교식을 알렸습니다. 제네바아카데미의 초대 교장은 칼뱅의 동료이면서 수제자인 베자(Beza)였고, 이 학교의 모델은 1538년에 요하네스 슈투름(Johannes Sturm)이 설립한 스트라스부르의 김나지움이었습니다. 부서가 1534년에 신학과 윤리학과 자연철학을 필수 과목으로 가르치는 스트라스부르 신학교의 설립 청사진을 시 정부에 제안했는데, 이 계획의 일환으로 스트라스부르의 김나지움 즉 아카데미가 탄생하게 된 것입니다.

제네바아카데미는 크게 두 종류의 교육과정으로 구분했는데, 하나는 약 6-13세 정도의 연령대 어린이들을 교육하기 위해 7학년, 즉 7학급으로 나누어 교육하는 초등교육과정의 '스콜라 프리바타'(schola privata. 하급반학교)이고, 다른 하나는 지도자가 되기 위해 교육받는 고등교육과정의 '스콜라 푸블리카'(schola publica. 상급반학교)였습니다. 7학년의 최하위 학년은 7학년 최상위 학년은 1학년이었는데, 이것은 오늘날 우리의 학년 개념과 다릅니다. 또한 오늘날 신학교 혹은 신학대학으로 간주될 수 있는 교육기관은 제네바아카데미의 고등교육과정인 심화학습반 '스콜라 푸블리카'에 해당합니다.

7학급의 초등교육과정은 기존의 라틴어 학교인 리브 학교(Collège de la Rive)의 교육과정을 스트라스부르 김나지움처럼 개혁한 것입니다. 이 김나지움은 5살이나 6살부터 시작하여 약 14-15세까지 9등급의 9학년으로 구성된 알파벳 기초학교를 포함할 뿐만 아니라, 이 과정을 마친 다음, 공적 자유 강의들을 수강할 수 있는 고등교육과정의 전문가 양성 학교도 포함하는 것이었습니다. 지금 유럽 대륙의 교육제도는 16세기 슈투름이 개혁한 김나지움 교육제도가 기초였다고 볼 수 있습니다. 슈투름이 구상한 학교가 법률가와 의사 및 다른 다양한 전문가들을 양성하는 종합대학을 지향한 반면에, 제네바아카데미는 최소한 1566년까지 로잔아카데미처럼 신학교육 중심의 신학교를 지향했습니다.

유럽의 개혁파 신자들과 지도자들은 제네바아카데미를 모델로 삼아 교육기관을 설립하기 시작했는데, 개혁신학의 본토가 된 네덜란드뿐만 아니라 루터교회가 국교회가 된 독일지역에서도 설립되었습니다. 이러한 교육기관들은 교육의 목표나 방법도 제네바아카데미와 유사했습니다. 즉 제네바 아카데미처럼 하나님에 대한 지식과 예배, 그리고 훈계와 덕성과 정직성을 함양하는 것이 교육의 목표였고, 교육 방법 역시 신앙교육서 즉 교리교육서를 읽고 쓰는 방식과 학교에서 배운 것과 시편과 기도문을 큰 소리로 암송하는 형식이었습니다.

초등교육기관인 7학급 가운데 두 학급인 7-6학급에서는 아이들이 불어와 라틴어 쓰기 읽기를 배웠습니다. 그리고 다음 학급에서는 라틴어와 그리스 작가들을 집중적으로 공부했습니다. 독해 영역과 자신의 생각을 분명하게 말로 표현하는 영역을 특별히 강조했습니다. 수요일에는 수업이 없었고, 대신에 학생들은 아침에 교회에 갔으며 오후에는 휴식 시간을 가졌습니다. 토요일에는 학습했던 내용을 복습했으며, 주일을 위해 교리문답을 공부했습니다. 학습을 시작하는 날이 되면 교리문답에 있는 기도로 (특히 학교를 위해) 시작했습니다. 기도와 시편 찬송은 학습 시간표에 고정적으로 들어 있었고, 학생들은 또한 주기도문 암송과 사도신경, 그리고 십계명을 배웠습니다.

제네바 아카데미 교직원들, 즉 담임교사와 교감, 교장, 및 교수들의 선출권은 시 의회가 아닌, 목사회의 목사들과 아카데미의 교수들에게 속한 것이었습니다. 물론 최종 승인 여부는 시 의회의 몫이었기 때문에 실제로 학교의 모든 운영은 교회와 시 정부의 협력에 의해서만 아무런 문제없이 유지될 수 있었습니다. 규정에 따르면 교감 이외의 모든 교직원들, 즉 교장과 교수들과 담임교사들은 모두 맹세서약을 작성하도록 되어 있었습니다. 하급반학교의 담임교사들은 교감의 통제를 받고 교감은 교장의 통제를 받아야 했으며, 교장은 스스로 목사회와 시 의회의 통제를 받는 구조였습니다. 이와 유사하게 오늘날 고려신학대학원에도 교수를 채용할 때 먼저 신대원 교수회가 선택하여 총장을 거쳐 이사회에서 최종 승인을 받습니다. 물론 재단이사회와 제네바시 의회는 성격과 구성에 공통점이 없습니다.

오늘날 신학교 혹은 신학대학에 해당하는 고등교육기관 즉 상급반학교인 '스콜라 푸블리카'는 교육과정과 교육과목이 명시되어 있지 않기 때문에 정확히 무엇을 어떻게 얼마 동안 가르치고 배웠는지 알기는 어렵습니다. 이 고등교육기관의 교수들은 모두 5명으로, 히브리어와 헬라어와 교양을 각각 담당하는 교수가 1명씩 모두 3명이고, 구약과 신약을 각각 담당하는 교수가 1명씩 모두 2명이었습니다. 신학은 교장 베자와 설립자 칼뱅이 담당했습니다. 히브리어 담당 교수는 히브리어와 구약을 가르친 반면에 헬라어 담당 교수는 도덕 철학과 연관된 헬라 철학자들이나 기독교 철학자들의 저술들을 가르쳤습니다. 교양 담당 교수는 물리학과 주로 수사학을 가르쳤습니다. 수업은 주로 강의와 공개 토론 방식이었는데, 중세시대 대학의 수업 방식과 큰 차이가 없었던 것 같습니다.

제네바아카데미의 '스콜라 푸블리카'는 교육 기간이 일정하지 않았는데, 이것은 중세 대학과 다른 점이었습니다. 경우에 따라 1년 만에 졸업하는 사람도 있었고, 2년이나 3년 동안 교육받는 사람도 있었습니다. 또한 목회를 하다가 재교육의 필요성 때문에 다시 제네바아카데미로 돌아오는 사람도 있었습니다. 왜 이처럼 교육 연수가 달랐는지 그 이유를 정확히 알 수는 없습니다만, 대부분은 2–3년 정도 교육 받았던 것으로 보입니다. 교육기간은 사실상 학생 개인에 대한 제네바 목사들과 교수들의 판단이 가장 중요하게 작용했던 것으로 보입니다. 제네바아카데미는 당대에 설립된 대부분의 유사한 학교들처럼 학위를 수여할 수 없었는데, 학위를 줄 수 있는 권리를 가진 교황이나 황제로부터 인가를 받지 않는 이상 학위 수여는 불가능한 일이었기 때문입니다.

제네바아카데미는 단순히 대학과정이 아니라 유치원부터 대학에 이르는 모든 교육과정을 포함한 교육기관이었습니다. 제네바에서는 교육상 교회의 교리와 세상의 지식이 분리되지 않고 공유되었으므로 언어와 인문학과 철학은 성경과 신학 공부를 위한 준비 과정의 필수 과목들이었습니다. 언어와 인문학과 철학에 대한 선행 학습 없이는 성경과 신학에 대한 공부는 불가능한 것으로 판단했습니다. 16세기 인문학은 역사를 포함하는 광범위한 학문 분야였습니다.

21세기를 사는 우리가 16세기의 과거로 회귀하는 것은 불가능할 뿐만 아니라 반드시 필요한 일도 아닙니다. 하지만 과거의 역사를 아는 것은 유익합니다. 왜냐하면 오늘이 어떻게 존재하게 되었는지를 알 수 있기 때문입니다. 따라서 역사를 모르면 자신도, 자신의 시대도 제대로 이해할 수 없습니다. 16세기 제네바 아카데미의 설립 목적이 무엇이었고 어떻게 운영되었는지 학습함으로써 당시 교육개혁이 왜 필요했는지 어떻게 이루어졌는지 이해할 수 있는 것처럼, 오늘 교육의 현주소를 파악하는 일에도 반드시 도움과 유익을 얻게 될 것입니다.

제네바아카데미 제도에서 얻을 수 있는 유익은 제일 먼저 공개토론이라는 수업 방식입니다. 오늘날 신대원 수업이 토론을 배제한 채 거의 일방적인 강의 형식으로만 진행되고 있는 것은 안타까운 현실입니다. 공개토론의 수업 방식을 도입하는 것은 필수적이고 시급합니다. 왜냐하면 토론이란 신학생들이 얼마나 건전한 사고 세계를 가지고 있는지 진단할 수 있는 가장 좋은 방법이면서 동시에 짧은 시간 안에 여러 사람들의 다양한 견해를 함께 배울 수 있는 매우 효율적인 방법이기 때문입니다. 일방적인 주입식 교육만으로 오늘날 교회에 나타나는 다양한 병리 현상들을 과연 얼마나 효율적으로 진단하고 치료할 수 있을까요?

두 번째 유익은 신학생들이 입학할 때 직접 자신의 손으로 신앙고백서에 서명하는 일입니다. 제네바아카데미 규정은 이것이 겸손한 자세와 하나님을 경외하는 태도를 알도록 하기 위한 것이라고 설명했습니다. 따라서 학생들의 모든 발표와 공개토론은 교수의 감독 아래 겸손한 자세로 하나님을 경외하는 마음을 가지고 이루어져야 하며, 교수들 역시 제시된 어려운 문제에 대한 해결책을 제시할 때 반드시 하나님의 말씀이 근거가 되어야 할 것을 요구했던 것입니다. 한 마디로 가르치는 교수나 배우는 학생 모두 성경에 기초한 신앙고백의 교리에서 벗어나지 않도록 노력해야 했습니다. 오늘날 동일한 신학교가 배출한 학생들인데 생각하고 가르치는 교리가 제 각각인 이유는 신앙고백의 중요성과 교리를 철저하게 배우지 못했기 때문일 것입니다. 목사의 본분이 하나님의 말씀인 성경을 하나님의 뜻에 맞게 잘 이해하고 설명하는 것이라고 한다면, 신학교에서 성경에 부합한 교리 중심의 교육보다 더 중요한 것은 없어야 할 것입니다. 인문학을 배우고 성경 언어와 역사를 배우는 것도 이러한 성경적인 교리 중심의 교육을 위한 것이지 그 반대가 되어서는 안 될 것입니다.

16세기 사회복지의 원리와 제도

기독교 교리의 핵심은 하나님 사랑과 이웃 사랑으로 요약될 수 있습니다. 그래서 그리스도의 몸인 교회는 예배를 통해 하나님 사랑을 실천하고 자선을 통해 이웃 사랑을 실천하는 공동체라고 할 수 있습니다. 머리이신 그리스도와 한 몸인 교회의 지체들은 한 하나님을 섬기기 위해 함께 모이는데, 이것이 모이는 교회, 즉 예배공동체입니다. 반면에 그들은 하나님 사랑을 이웃에게 나누기 위해 각자 자신의 삶의 자리로 흩어지게 되는데, 이것이 흩어지는 교회, 즉 선교공동체입니다. 이런 점에서 예배와 선교는 각각 하나님 사랑과 이웃 사랑으로 대변됩니다. 그러므로 사랑 없는 예배, 사랑 없는 선교는 있을 수 없습니다.

사회복지 개념도 이런 기독교 사랑에서 기원된 것인데, 기독교 역사에서 사회복지의 제도화가 시작된 시기가 16세기입니다. 16세기 사회복지제도는 종교개혁 정신과 종교개혁자들의 헌신적 노력의 결실입니다. 따라서 종교개혁과 사회복지의 관계를 살피는 일은 필수적입니다. 16세기에는 자선단체들이 광범위하게 재조직되었습니다. 물론 사회복지 개념이 16세기 이전에는 없었다거나 16세기에 비로소 등장했다고 볼 수는 없습니다. 왜냐하면 중세시대에도 사회복지에 해당하는 구제제도가 있었기 때문입니다.

중세시대의 가난한 자에는 단지 성경이 언급하는 고아와 과부와 여행객만 아니라, 스스로 가난을 선택한 사람들도 포함되었습니다. 자발적 빈민은 중세교회가 가난을 기독교 경건의 핵심으로 여겼기 때문에 발생한 것입니다. 그래서 성직자와 수도사들에게도 자발적 가난, 즉 청빈이 강요되었던 것입니다. 이처럼 중세시대 자발적 가난은 자신을 하나님께 바치는 거룩한 행위로 존경의 대상이었습니다. 13세기 이후 나타나기 시작한 탁발수도원들 즉 걸식수도원들은 이러한 중세의 '자발적 가난'을 철저하게 실천해야 한다는 원칙 아래 설립된 수도원들입니다.

중세시대에는 빈민 구제가 교회의 권한에 속한 것이었습니다. 성직자들은 자기 관할 지역의 가난한 자를 도울 의무가 있었는데, 이것은 초대교회부터 내려온 관습이었습니다. 교회 소속 구제기관이나 복지기관의 직원은 주로 사제들과 수녀들이었습니다. 물론 구제는 모든 그리스도인의 종교적 의무로 간주되었습니다. 자비로운 구제행위가 존경받을 만한 미덕으로 간주되었기 때문에, 귀족들과 부자들은 자신들의 영혼 구원을 위해 기도해주는 수도원을 설립하거나, 자신의 공로를 쌓기 위해 가난한 사람과 어려운 형편의 그리스도인을 돕는 자선단체를 설립하곤 했습니다. 구빈원 같은 자선단체들의 필요한 재원들은 그들의 기부로 충원되었습니다. 이러한 기부의 보답으로 수도사들과 자선단체 종사자들은 그들의 영혼을 위해 기도해주었습니다. 즉 귀족이나 부자는 수도원이나 교회와 같은 자선단체를 설립하고 기부금을 제공하는 대신 영적인 혜택을 누렸던 것입니다. 이처럼 중세시대의 가난과 구제는 구원의 수단이나 마찬가지였습니다.

중세 수도원은 순례자들에게 숙식을 제공했는데, 여기서 중세의 대표적인 자선단체인 구빈원(Hospital; Almshouse)*이 탄생했습니다. 대부분 수도원에 부속된 구빈원도 처음에는 탁발수도사들과 순례자들에게만 숙식을 제공했지만, 차츰 십자군 전쟁의 피해자들인 부상자들과 병자들, 실향

---

* 여기에 해당하는 다른 용어들로는 '하나님의 집'을 의미하는 것으로 불어 '메종 디외'(Maison-Dieu)와 라틴어 '도무스 데우스'(Domus-Deus)가 있다. '구빈원'(Hospital)이라는 용어 해설에 대해서는 다음 참조. Elsie Anne McKee, *John Calvin in the Diaconate and Liturgical Almsgiving* (Genève:Librairie Droz, 1984), 94.

민들, 고아, 과부들까지 돌보게 되었습니다. 중세 구제기관들의 무절제한 구제 행위가 자발적인 떠돌이 부랑아를 양산하는 부정적인 결과를 낳기도 했습니다. 14–15세기는 유럽 전역에 퍼진 전염병과 백년전쟁 등으로 병자와 고아와 과부와 부상자들이 과히 폭발적으로 늘어난 시기였는데, 당시 구빈원을 포함하여 성직자 중심의 중세 자선단체들은 그들 모두를 수용할 만한 능력이 없었으므로 기능이 마비되는 위기에 직면했습니다. 뿐만 아니라 환경이 점점 먹고 살기 힘들만큼 열악하게 되자 고향을 버리고 방랑하면서 구걸로 연명하는 거지들의 수가 급증하게 되었습니다. 이런 자들은 거룩한 빈민도, 불가피한 빈민도 아니었지만 때론 동정을 얻기 위해 장애인을 가장하기도 했기 때문에 반드시 도움을 받아야 하는 합당한 빈민과 잘 구분되지 않았습니다. 따라서 구제는 무질서하고 무분별하게 이루어졌고, 이로 인해 교회와 자선기관에 대한 원성이 여기저기서 쏟아졌습니다.

중세교회의 입장과는 달리 종교개혁자들은 가난을 거룩한 삶의 방편으로 보지 않았습니다. 또한 재산 문제 처리를 칼의 권세인 정부의 일로 보았기 때문에 빈민을 구제하는 자선 사업 역시 정부가 담당할 수 있는 것으로 보았습니다.

이러한 사고는 거의 모든 종교개혁자들에게 대동소이합니다. 즉 구걸을 금지하고 빈민 구제의 일차적 책임을 교회보다는 오히려 통치자와 정부에 돌리는 것이었습니다. 왜냐하면 종교개혁자들은 재산에 대한 모든 권리가 교회에 있는 것이 아니라 세상 통치자와 정부에게 속한 것으로 보았기 때문입니다.

16세기 사회복지의 원리와 제도(2)

16세기 초반에 빈민의 구제 문제는 거의 최악의 상태였습니다. 이신칭의 교리를 설파한 후에 루터는 자신의 1520년『독일 귀족에게 고함』에서 구제 문제와 관련하여 다음과 같이 주장했습니다. "가장 절실하게 필요한 일 중의 하나는 기독교 세계의 도처에서 행해지고 있는 모든 구걸 행위를 금지시키는 일이다. 그리스도인들은 그 누구도 구걸을 나가서는 안 된다. 만약 진지하게 하고자 하기만 한다면, 각각의 도시들이 그곳에 사는 가난한 자들을 부양해야 한다는 법을 재정하는 것은 쉬운 일일 것이다. 순례자로 자처하든 탁발수도사로 자처하든 도시 밖의 거지들은 도시 안으로 들어오게 해서는 안 된다. 모든 도시는 자체 내의 가난한 자들에게 필요한 것을 공급할 수 있어야 한다.…… 현재의 악한 관행에 따라 한 사람이 다른 사람들의 노동의 덕택으로 게으르게 지내거나 또는 다른 사람들의 고통에 의해 부유하게 되고 평안하게 사는 것은 옳지 않은 일이다. 성 바울은 '누구든지 일하기 싫어하거든 먹지도 말게 하라!'고 말하고 있다. 하나님께서는 자신들의 영적인 수고를 인하여 설교하는 자들과 다스리는 사제들 외에는 아무도 다른 사람의 비용으로 살아서는 안 된다고 명하셨다."

중세 로마가톨릭교회가 '거룩한 가난과 세속적인 부'라는 대조 공식을 만들어서 빈민구제를 위한 자선행위를 구원의 공로로 이해했던 것과는 달리, 종교개혁자들은 가난 자체를 거룩한 것으로 간주하지 않았을 뿐만 아니라 자선행위를 공로로 이해하지도 않았습니다. 그들은 자선행위를 구원을 위한 일종의 공로가 아니라, 신자의 당연한 의무요, 재산관리를 포함하여 세상통치권을 가진 통치자와 정부가 백성의 보호를 위해 져야 할 책임으로 이해했습니다. 뿐만 아니라 종교개혁자들은 도움을 받아야 할 빈민과 그렇지 않은 게으른 빈민을 구분하려고 했으며 부당한 노동 착취로 부를 축적하는 것에 대해서는 신랄하게 비판했습니다. 이것은 루터를 비롯한 모든 종교개혁자들이 당시 자발적 가난의 대명사인 수도원 제도를 없애야 한다고 강력하게 주장했던 이유 가운데 하나였습니다. 결과적으로 개신교에는 더 이상 수도원이 존재하지 않게 되었습니다. 16세기 당시 개신교 진영 내의 수도원들은 다른 용도로 사용되었는데, 특히 교육기관과 구빈원으로 가장 빈번하게 활용되었습니다.

종교개혁자들은 구원을 오직 믿음과 은혜로만 이루어진다고 보았기 때문에 가난과 부의 문제를 구원과 연결하는 중세적 전통을 거부할 수 있었습니다. 그들이 가르친 것은 자신의 구원을 위한 공로로서의 선행이라는 중세적 개념에서 벗어나 하나님의 자유로운 은혜로 받게 된 자신의 구원을 감사하기 위해 이웃을 섬기고 사랑하라는 것이었습니다. 이것은 위대한 종교개혁의 교리인 이신칭의의 결과였습니다. 종교개혁자들은 자발적 가난에 특별한 의미를 부여하지도 않았고 부와 권력 자체를 부정한 것으로 취급하지도 않았습니다. 즉 가난이 부보다 더 거룩한 것도 아니며, 부가 가난보다 더 세속적인 것도 아니라고 보았던 것입니다. 종교개혁자들에게 자선행위는 구원의 공로가 아니라 사회적 인간의 선행 가운데 하나였습니다. 그들은 자신에게 주어진 재산을 잘 관리할 책임이 청지기인 신자의 종교적 소명과 연관된 것으로 보았기 때문에 축적된 부 자체를 경시하지 않았으며, 모든 지상적 복을 하나님의 선물로 보았기 때문에 부지런히 일해서 정당하게 벌어들인 재물도 하나님께 받은 복으로 간주했습니다. 하지만 이런 생각을 지나치게 단순화할 경우, 한편으로는 모든 물질적 성공을 신적 축복의 결과로 과대평가하는 반면에 다른 한편으로는 모든 가난을 비난 받아야 마땅한 게으름의 결과로 평가하는 잘못에 빠지기 십상입니다.

세계적인 종교개혁 연구가요, 가장 뛰어난 칼뱅 학자 가운데 한 사람인 맥키 교수는 종교개혁적인 부와 가난과 자선에 대해 다음과 같이 평가합니다. "16세기 개신교 신학자들은 이 땅에서의 모든 축복이 하나님의 선물이며, 기독교인들은 그에 대한 책임을 수여받은 존재라는 사실을 강하게 확인시켰다. 하나님의 선하심은 즐길 만하나, 주의 선물은 일차적으로 그분을 영화롭게 하는 데 사용해야 하며, 궁극적으로는 이웃을 섬기는 도구가 되어야 했다. 자생력이 없는 가난한 자들 곧, 과부, 고아, 병자, 어려움에 처한 난민들은 구제를 가장 필요로 하는 이웃들로, 하나님을 섬기는 기독교인이라면 그들을 부끄럽게 하거나 무시하지 않으면서 이 '소자'들을 돌볼 책임을 지녔다. 가난한 사람들 또한 그들이 받은 도움에 좋은 청지기가 되어야 한다는 책임의식을 부여 받았다. 이렇게 해서 거룩함은 더 이상 가난 혹은 부가 아니라 일과 청지기 정신과 연결되기에 이른다."

루터의 영향으로 16세기 최초로 사회복지 개혁을 시도한 곳은 독일의 루터교회들이었습니다. 하지만 이와 같은 '새로운 사회복지 체계는 각 교파의 전통을 뛰어넘어 비슷한 조직을 형성했다'고 맥키 교수는 평가합니다. 또한 이런 개혁의 주체는 대부분 '인문주의자 지성인들과 비성직자인 부자 상인들'이었는데, '이들은 기금을 중앙 집중화하고, 주교가 아닌 시 정부의 말에 따라 자격 있는 행정관들을 뽑았다. 그런 후에는 제대로 등록된 가난한 자들에게 구호금이나 물품을 정기적으로 나눠 주었으며, 구걸 행위를 통제하는 등의 노력을 기울였다. 이들의 개혁 프로젝트는 점차 서유럽 여러 곳에 소개되었다.'고 그녀는 주장합니다. 이처럼 16세기 유럽 대부분의 도시들에는 세속 정부가 사회복지를 책임지는 형태의 제도가 세워지기 시작했습니다. 그리고 중세와 달리 교회는 구제를 위해 주도적 역할보다는 보조 역할에 만족해야 했습니다.

제네바의 사회복지제도

칼뱅은 세상에 죄로 오염되지 않은 것은 아무것도 없다
는 전적부패 교리를 강력하게 주장했지만, 다른 한편으로
는 타락한 세상의 어떤 것도 하나님의 섭리에서 제외되지
않는다는 일반은총 교리를 가르쳤기 때문에 현실을 부정적
으로만 보지 않았습니다. 칼뱅이 제네바의 종교개혁자가
되기 전에 이미 제네바에는 시립 사회복지 제도인 '로피탈
제네랄'(l'Hopital Général) 즉 구빈원 혹은 구호원으로 번역될
수 있는 시립 구제기관이 존재했습니다. 이 구빈원은 '1535
년 11월 29일에 시 의회가 생트 끌레르(Sainte Claire)'의 옛 수
녀원 자리에 설립한 것으로, 제네바 정부가 종교개혁을 수
용함에 따라 제네바에 있던 일곱 개의 작은 구빈원을 통합
하여 마련한 새로운 중앙집권적 사회복지제도였습니다. 구
빈원 운영을 위한 주 수입원은 제네바 시 정부가 매년 예산
을 편성해서 일정액의 지원금, 시가 징수한 벌금의 일부, 외
부의 기부금과 후원금, 자선을 위해 기부된 물품들의 판매
수익금 등이었습니다.

새롭게 재정비된 구빈원은 빈자와 병자를 돌보는 평신도에 의해 운영되었습니다. 운영을 위한 재정 출납과 감독은 '프로퀴뢰르'(procureurs. 재무행정관들)로 구성된 운영위원회가 맡았고, 구빈원의 모든 실무, 즉 구빈원의 모든 빈자와 병자에게 필요한 것들을 제공하고 그들을 직접 돌보는 업무는 "오스피탈리에르"(hospitalier. 구호실무자)가 담당했는데, 이 두 부류의 사역은 칼뱅이 구분한 두 종류의 집사 직무와 거의 일치하는 것이었습니다. 칼뱅이 작성한 1541년 제네바 교회법에는 네 개의 교회 항존 직분, 즉 목사와 교사와 장로와 집사를 소개하면서 네 번째 교회 직분인 집사를 기능상 두 종류의 것으로 구분했습니다. 그래서 재무행정관들은 '가난한 자들을 위한 재화, 즉 매일의 구제[비]뿐만 아니라, 재산과 임대[금]과 숙박[비]까지도 수납하고 분배하고 보관하는 일을 담당'하고, 구호실무자는 '병자들을 돌보고 치료하며 가난한 자들에게 식량을 배급하는 일을 담당하는' 것으로 보았습니다.

제네바의 공공 사회복지제도인 구빈원은 도시 안의 빈자와 병자를 돌보는 일만으로도 충분히 바빴기 때문에 피난민들을 돌볼 여유가 없었습니다. 이것이 시립 구빈원의 한계였는데, '제네바 사회복지체계는 제네바 시민들을 위해 제정된 것이었지 외국 피난민들을 위한 것이 아니었'기 때문입니다. 결국, 1545년 6월 15일에 제네바 시 의회는 모든 가난한 외국인들을 도시 밖으로 추방하도록 결정했습니다. 하지만 이로부터 10일이 넘기 전에 부유한 피난민 다비드 뷔장통(David (de) Busanton)이 제네바와 스트라스부르의 가난한 사람들을 위해 사용하도록 거액의 돈을 유언으로 남기고 죽음으로써 제네바에 이주한 피난민들은 추방을 모면하게 되었는데, 이 사건은 장차 '부르즈 프랑세즈'(Bourse française) 즉 '프랑스기금'의 출발점이 되었습니다.

제네바 정부에 의해 운영된 시립구빈원의 재원과는 달리, '가난한 프랑스 피난민을 위한 기금'(Bourse des pauvres estrangers)은 개신교 피난민들을 구호하기 위해 외국인들이 설립한 순수한 사설 사회복지기금이었다는 사실입니다. 또한 그것은 자발적 구호기금이었습니다. 프랑스기금은 '하나님 말씀을 위해 이 도시로 피난 온 가난한 프랑스 외국인을 위한 기금' 즉 '복음의 개혁을 위하여 이 도시로 피신한 가난한 프랑스 외국인들을 위한 기금'이었습니다. 단순히 프랑스 국적을 가진 개신교 피난민뿐만 아니라, 여러 다른 나라

국적을 가진 개신교 난민들까지도 광범위하게 돕는 국제적 사회복지제도였습니다. 이런 점에서 이것은 '피난민들 특히 종교 피난민들을 위한 기금'이었다고 할 수 있습니다.

프랑스기금은 1550년 9월 30일에 설립되었고 3명의 기금관리자들이 선출되었습니다. 프랑스기금의 관리 집사들의 업무는 세 가지, 즉 돈을 받아서 지출하는 것, 그리고 가난한 자들을 심방하는 것이었습니다. 즉 그들은 기금을 최대한 모금하고 효율적으로 분배할 뿐만 아니라, 도와야 할 사람들과 도움을 받은 사람들을 일일이 찾아가기도 했습니다. 칼뱅은 프랑스기금의 창립에 직접적으로 관여한 것으로 보일 뿐만 아니라 이 기금의 정기적인 후원자이기도 했으며, 지인들에게 동참하도록 적극적으로 독려하기도 했습니다. 새로운 사회복지제도인 프랑스기금으로부터 도움을 받는 빈민들이 시립구빈원에서 도움 받는 사람들과 다른 점은 그들 중 많은 사람들이 일시적 빈자였기 때문에 짧은 기간 내에 스스로 살아갈 길을 찾았습니다.

전통적인 공공의 시립구빈원처럼 사립 복지기구인 프랑스기금은 빈민들에게 의식주를 제공했으며 환자를 돌보았고 어린아이들을 양육했으며 직업을 알선하기도 했지만,

시립구빈원과는 달리 사업 자금을 대출해 주는 일도 했는데, 때로는 당대의 일반적인 관례에 따라 만성적인 빈민들에게보다는 한때 부유했으나 구제 받기를 부끄러워하는 빈민에게 더 많은 구제금을 주기도 했던 것으로 보입니다. 또한 제네바에 피난 온 다른 다양한 민족들이 프랑스기금과 같은 자신들을 위한 복지제도를 마련하기까지 그들을 돕기도 했습니다. 심지어 환자를 돌보기 위해 고용된 의사에게도 수고한 만큼 수당을 지불했고, 설교 시간에 칼뱅의 설교를 필사한 사람들에게 돈을 지불하기도 했습니다. 뿐만 아니라 박해받으면서도 숨어서 신앙공동체를 이루었던 프랑스 지하교회를 지원하기 위해 프랑스로 책과 목사를 파견하기도 했는데, 이것이 오늘날 선교영역에 해당합니다.

Q. 제네바에서 교육개혁은 어떻게 이루어졌습니까?

Q. 제네바아카데미는 어떤 학제로 구성되었습니까?

Q. 종교개혁의 사회복지제도는 중세의 사회복지제도와 어떤 점에서 달랐습니까?

Q. 제네바 사회복지제도의 개혁은 어떻게 이루어졌습니까?

제5장
권력의지와 영국 종교개혁

제5장
권력의지와 영국 종교개혁

16세기 교회연합운동과 권력의지

16세기 최초의 교회연합운동이었던 1529년 마르부르크 종교회의는 종교개혁자들 사이의 성찬론 갈등을 해소하기 위한 것이었으나, 정치적으로는 독일을 중심으로 개신교 내의 정치적 분열을 막고 연합전선을 구축하는 것이 궁극적인 목적이었습니다. 하지만 두 가지 목적 가운데 어떤 것도 제대로 이루지 못했습니다. 양측은 모두 자신이 승리했다는 확신을 가지고 각자 자신의 자리로 돌아갔고 참석자 가운데 스트라스부르의 부서 외에 개신교 연합을 위해 지속적인 관심을 가진 개혁자는 없었습니다. 1536년, 마침내 부서는 루터와 성찬론에 관한 합의를 공식적으로 이끌어내는 데 성공했지만, 서로에 대한 양측의 적대적 자세 때문에 양측으로부터 더 큰 의심과 원망만 자초했습니다. 그럼에도 불구하고 교회연합운동을 위한 그의 열정은 포기를 몰랐습니다.

황제 카를 5세도 역시 로마제국의 실질적인 최고 통치자가 되고 싶었던 자신의 꿈을 이루기 위해서는 반드시 로마교와 개신교로 나뉜 제국의 종교적 분열을 보고만 있을 수 없었습니다. 그래서 교회공의회를 통해 분열 문제를 해결하고자 했으나 1523-34년까지 재위한 교황 클레멘트 7세는 개신교도들의 개혁을 수용할 의지가 조금도 없었고 또한 황제에게 협조적이지도 않았습니다. 1534년에 클레멘트 7세의 뒤를 이어 교황이 된 파울루스 3세는 전임자와 달리 개혁에 대한 의지가 있었으며 당시 개혁을 추진할 만한 사람들을 추기경 등 요직에 임명했습니다. 1537년에는 교회 분열 문제를 해결하기 위해 교회공의회를 소집했으나, 제국과 프랑스왕국 사이에 발발한 전쟁과 개신교도들의 불참 의사 때문에 결국 모임은 성사되지 못했습니다. 이처럼 교황이 소집하는 교회공의회가 불발이 되자 황제 카를 5세는

1540-41년 사이에 하게나우(아거노), 보름스, 레겐스부르크 (라티스본) 등지에서 개신교 대표와 로마교 대표들의 회의를 개최함으로써 분열 문제를 해결하고자 했으나 실패하고 말았는데, 이것이 최초의 신구교연합운동이었습니다.

1529년, 최초의 개신교연합운동이었던 마르부르크종교회담과 1540-41년, 최초의 신구교연합운동은 모두 결과적으로 실패작이었습니다. 이런 실패의 역사를 통해 분리와 분열은 쉬워도 연합과 일치는 어렵다는 사실을 다시 한번 확인할 수 있습니다. 황제가 종교개혁 진영과 로마교 진영의 대표들의 회의를 소집하겠다는 소식을 전달받은 부서는 그런 모임을 공식화하기 위해 1539년 프랑크푸르트에서 비밀리에 로마교 대표들과 회합을 가졌는데, 이 자리에 칼뱅을 대동했습니다. 이 비밀 모임에서 칼뱅은 처음으로 개신교 대표 가운데 한 명인 멜랑흐톤을 만나게 되었는데, 이후 두 사람은 비록 서로 신학적인 견해가 일치하지는 않았지만 평생 서로를 신뢰하는 신앙의 동지가 되었습니다.

1540-41년에 개최된 종교개혁자들과 로마교 개혁자들의 회의를 통해 종교개혁의 최대 관건이었던 칭의 문제는 이견을 좁히며 합의에 도달했으나 정작 연합을 방해한 결정

적인 걸림돌은 로마교의 화체설과 교황 문제였습니다. 로마교는 교황이 그리스도의 지상대리자라는 최고의 권력을 포기할 수 없었고 또한 이 권력을 유지하기 위해 성찬에서 빵과 포도주가 그리스도의 몸과 피로 변한다는 화체설 역시 포기하려고 하지 않았습니다. 이 두 가지 문제 때문에 모든 합의는 물거품이 되고 말았습니다. 권력에 대한 욕망, 즉 권력의지가 교회연합의 주적이라는 사실을 명백하게 보여준 사건이었습니다.

이러한 권력의지, 즉 기득권 유지의 열정은 교회분열을 선동하는 주된 동인으로, 또한 교회연합을 방해하는 최대의 장애물로 자주 등장합니다. 지금도 교회연합과 교회개혁이 거의 불가능한 결정적인 이유는 다름 아닌 권력의지 즉 '기득권'의 획득 혹은 유지라고 할 수 있습니다. 이러한 권력의지는 사실상 교회를 부패시키고 분열시키는 발암물질과 같은 것일 뿐만 아니라, 교회의 화합과 개혁을 방해하는 일등공신입니다. 권력의지는 패거리 의식에 사로잡혀 계파와 당파를 조직하게 되고, 이 조직이 와해되지 않도록 수단과 방법을 가리지 않음으로써 결국 성경의 가르침과 신앙의 본질에 스스로 순종하려는 의지를 꺾으며, 오히려 성경과 신앙을 권력의 도구로 이용하려는 의지를 불러일으킵니다.

　세상의 정치세계에서 뿐만 아니라, 교회에서도 역시 권력의지는 모든 것을 소멸하는 불과 같습니다. 모든 선한 목적을 타락한 본성의 도구로 만들 수 있는 것이 바로 권력의지입니다. 천주교회에서 교황과 추기경 및 주교들의 권력의지 못지않게, 오늘날 개신교회에서도 직분자들의 권력의지는 참으로 가관입니다. 권력의지의 대의명분이 사람들의 마음을 사로잡는 자일수록 타락의 정도는 훨씬 더 심각할 수 있다는 사실을 간과하지 말아야 할 것입니다. 권력의지에 매몰된 자들에는 비단 교황이나 대주교, 추기경, 혹은 황제나 종교개혁을 반대한 군주들뿐만 아니라, 종교개혁을 지지하던 군주들과 시의 대표들, 심지어 종교개혁자들 가운데 일부도 포함됩니다. 그러므로 권력의지에 매몰되지 않기 위해서는 높은 자리에 있는 사람일수록 자신을 스스로 쳐서 하나님께 복종시키는 훈련이 더욱 필요하고 절실합니다. 그렇지 않으면 부지불식간에 타락의 늪으로 빨려 들어가기 때문입니다.

영국 종교개혁

성공회의 탄생

영국의 종교개혁을 성사시킨 사람은 헨리 8세입니다. 그의 재위 기간은 1509-47년이었는데, 그가 재위하는 동안 영국은 독립 국가로 성장할 만큼 막강하게 되었습니다. 헨리 7세의 두 번째 아들인 그는 한 때 루터를 대적한 공로를 인정받아 교황으로부터 '신앙의 수호자'(defensor fidei)라는 호칭을 받기도 했습니다. 그는 형의 미망인 아라곤의 캐서린(Catherine of Aragon)을 왕비로 맞이했으나 왕자를 낳지 못한다는 구실로 그 결혼의 적법성에 문제를 제기했습니다. 이런 문제를 제기한 보다 실제적인 이유는 헨리 8세가 왕비와 별거한 6년 여 동안 앤 볼린과 밀애를 즐기다가 아이가 생겼기 때문이었습니다. 앤 볼린이 왕비의 자리에 오르지만 결국 남편의 버림을 받아 단두대에서 처형되는 비극으로 끝났는데, 그녀와 헨리 8세 사이의 사랑과 비극 이야기는 「천일의 스캔들」이라는 제목의 영화로 만들어지기도 했습니다.

헨리 8세는 교황에게 형수 캐서린과의 결혼이 불법이었

다고 주장하면서 원천 무효임을 선언해 줄 것을 청원했습니다. 교황은 헨리 8세가 왕비를 두고 다른 여자를 아내로 맞이하는 이중결혼에 대해서는 허락할 마음이 있었습니다. 하지만 헨리와 캐서린 사이의 결혼을 불법적인 것으로 간주하여 원천 무효라고 선언하는 일은 결코 쉬운 문제가 아니었습니다. 왜냐하면 캐서린은 황제 카를 5세의 고모였기 때문입니다. 교황은 그런 일로 황제와 대립하고 싶지 않았습니다. 헨리 8세는 앤 볼린과 사랑에 빠져 그녀가 원하는 왕비의 자리를 줄 수 있는 다른 방법을 강구하지 않을 수 없었습니다. 마침내 그는 교황의 재가를 받지 못했음에도 불구하고 1533년 3월 30일에 켄터베리(Canterbury)의 대주교로 임명된 토마스 크랜머(Thomas Cranmer)를 통해 케더린과 이혼하고 앤과 결혼하는 것이 적법하다고 용감하게 공포했습니다. 그리고 1533년 6월에는 앤 볼린을 여왕으로 맞이했습니다. 이 일로 헨리 8세는 며칠 후 교황으로부터 파문을 당해야 했습니다.

파문된 헨리 8세는 1534년 11월에 수장령을 선언함으로써 영국교회와 교황과의 관계를 끊어버렸습니다. 수장령의 핵심 내용은 다음과 같습니다. '국왕은 지상에서 영국 교회

(Anglicana Ecclesia)라 칭하는 영국 교회의 유일한 최고 수장으로 정당하고 합당하게 간주되고 장래에도 그같이 간주되어야 한다.' 즉 수장령이란 영국 교회의 머리는 그리스도의 지상 대리자 교황이 아니라 영국의 국왕인 헨리 자신이라고 선포였습니다. 영국의 모든 국민들은 수장령이 발표되기 하루 전만 해도 천주교도였으나 수장령이 발표됨으로써 하루아침에 영국성공회 교도가 되었습니다. 수장령은 16세기 종교의 자유가 어떤 성질의 것인지 가장 분명하게 보여주는 사건이었습니다. 즉 16세기에는 종교의 자유가 국민 각자에게 개인적으로 주어진 권리가 아니라, 그 지역의 최고 통치자가 대표로 가진 것이었습니다. 그래서 그 지역의 최고 통치자가 선택한 종교가 그 지역에 사는 모든 사람들의 종교가 되었던 것입니다. 만일 최고 통치권자의 종교를 받아들일 수 없다면 목숨을 내어놓던지 아니면 그 지역을 떠나야 했습니다. 이것이 16세기의 종교의 자유를 표현하는 '그가 속한 지역이 그의 종교다'(cuius regio, eius religio)라는 말의 의미입니다.

헨리 8세는 여자와의 사랑에 쉽게 빠지는 로맨티시스트였지만, 또한 자신의 심기를 불편하게 하는 사람에 대해서는 결코 용서하지 않는 매우 냉정하고도 잔인한 통치자였습니다. 한때 죽고 못 살 만큼 사랑했던 아내조차도 단두대로 처형할 정도로! 수장령 서약에 반대한다는 이유로 로체스터 주교 존 피셔(John Fischer)와 『유토피아』(Utopia. 사유 재산 없이 모든 것을 공유하는 이상적인 국가)의 저자 토마스 모어(Thomas More)를 처형했습니다. 그리고 신약성경 전체를 영어로 번역한 윌리엄 틴데일(William Tyndale)도 1536년에 벨기에 브뤼셀(Bruxelles) 근처 필포르더(Vilvorde)에서 화형을 당해야 했습니다.

1547년 1월 27일에 헨리가 죽자 그의 세 번째 부인 제인 세이무어(Jane Seymour)에게서 난 아들 에드워드 6세(Edward VI. 1537–1553)가 1547년에 만 9세의 나이로 왕위에 올랐으나 병약하여 단명하고 말았습니다. 그의 재위 기간 동안 두 명의 섭정(루터파 경향을 지닌 에드워드의 외삼촌 소머셋 공작(Duke Somerset)과 츠빙글리파와 칼뱅파 경향을 지닌 더들리 공작(Duke Northumberland[John Dudley])이 각각 3년 씩 통치하였는데, 이 때 영국의 종교개혁은 크랜머를 중심으로 대륙으로부터 온 종교개혁가 마르틴 부서와 피터 마터 버미글리(Peter Martyr Vermigli), 존 아 라스코(John a Lasco) 등의 도움을 받아 새로운 전기를 맞이했습니다. 성공회의 예배모범인 『공동기도서』(Book of Common Prayer) 초판이 1549년에 작성되었고 1552년에 개정판이 채택되었습니다. 개정판에서는 부서의 제안으로 성찬식에서 예배를 희생제사로 간주하는 모든 미사 개념이 제거되었고 떡뿐만 아니라 포도주도 함께 나누어주는 2종배찬의 정당성이 확보되었으며 영적 임재설과 유사한 성찬론이 도입되었습니다. 이런 신학 작업을 통해 영국성공회는 로마천주교와 분명하게 구분되었을 뿐만 아니라, 신학적으로 개혁 초기에 받았던 루터교회의 영향도 개혁교회의 영향으로 대체되었습니다. 하지만 영국성공회는 예배형식과 같은 것들은 여전히 로마천주교의 관습을 벗어나지 못했습니다.

청교도의 탄생

1553년에 보다 더 개신교적인 「42개 조항」이 승인되었으나 에드워드의 죽음과 헨리 8세의 첫 번째 왕비 캐서린의 딸이자 철저한 로마교 신자인 메리(Mary Tudor) 여왕의 등극으로 영국의 종교개혁은 중단되고 말았다. 메리 여왕은 짧은 재위 기간(1553–1558) 동안 어머니의 한풀이를 위해 로마교 복구 정책을 폄으로써 수많은 개신교도들을 박해하고 숙청했습니다. 존 폭스(John Foxe)의 『순교사화』(Book of Martyrs)에 의하면 영어 매튜 성경(Matthew's Bible) 편집자인 존 로저스(John Rogers), 엄격한 츠빙글리파 청교도인 존 후퍼(John Hooper), 부서와 절친했던 라티머(Latimer)와 리들리(Ridley), 대주교 크랜머 등 280여명이 이때 형장의 이슬로 사라졌습니다. 이로 인해 그녀는 피의 메리(Bloody Mary)라는 악명을 얻었습니다.

메리가 1558년 11월 17일에 사망하자 헨리의 두 번째 부인 앤 볼린에게서 난 딸 엘리자베스(Elizabeth Tudor)가 왕위를 계승하여 45년(1558-1603) 동안 장기집권하면서 종교적으로는 로마교와 개신교 사이의 중도 노선을 유지했습니다. 1559년 4월에 그녀는 자신을 영국 교회의 수장(head)으로 부르지 않고 다만 최고 통치자(governor)로 칭하는 수정된 수장령을 발표했습니다. 또한 1571년에는 「42개 조항」(Forty-two Articles)을 근간으로 작성된 「39개 조항」(Thirty-nine Articles)을 공개적으로 승인하고 공포함으로써 영국 성공회의 중요한 교리적 표준을 마련했습니다. 이것은 내용상 개혁파적이고 칼뱅적인 것으로 평가됩니다.

로마교황청은 1570년에 엘리자베스 여왕이 미신적이고 불경건한 칼뱅의 사상을 스스로 받아들였을 뿐만 아니라 백성에게까지 준수하도록 명령했다는 이유로 그녀를 파문한다는 교서를 보냈는데, 이로써 로마교황청과 영국의 관계는 완전히 단절되었습니다. 하지만 사실 엘리자베스 여왕은 칼뱅과 칼뱅주의자들을 좋아하지 않았습니다. 그 이유는 그들이 백성들을 선동하여 평화를 깨뜨린다고 생각했기 때문입니다.

　　'청교도'(Puritan)란 용어는 엘리자베스의 재위 기간인 1564년경에 나타나기 시작했는데, 처음에는 반대자들이 부정적인 의미로 사용했습니다. 당시 이 용어는 영국 교회 내의 모든 교황적 혹은 로마교의 미신적 요소들을 제거하려고 했던 개신교도들을 지칭하는 것이었습니다. 메리 여왕의 핍박을 피해 유럽 대륙으로 망명했던 영국 개신교도들이 다시 귀국하면서 엘리자베스 통치 시절에 청교도의 숫자는 급증했습니다. 청교도는 성경에 나타나는 '그리스도인'이라는 말처럼 청교도 반대 세력이 지칭한 부정적이고 조롱 섞인 용어입니다. 청교도는 영국에서 시작된 하나의 운동, 즉 영적 부흥운동이라 간주 할 수 있는데, 일정한 신학이나 교회

제도를 지향한 자들을 지칭한 것이 아니기 때문입니다.

'청교도'라는 용어는 크게 다음과 같은 5 부류에게 붙여졌습니다. 이 가운데 세 부류는 영국 국교 성공회의 「기도서」에 표현된 의식들과 어구 일부를 수용하지 않는 목회자들, 토마스 카트라이트(Thomas Cartwright)를 지지하고 1572년의 「국회에 드리는 권면」에 나타난 장로교 개혁 프로그램을 지지하는 지지자들, 반드시 비국교도들(non-conformists)은 아니지만 진지한 칼뱅주의 경건을 실천했던 목회자와 평신도들이었습니다. 네 번째로는 네덜란드 도르트(Dordrecht) 총회를 지지하는 엄격한 칼뱅주의자들이었는데, 이들은 또한 그 총회를 지지하지 않는 다른 영국 국교도들에 의해 교리적 청교도라고 불린 자들이었습니다. 마지막으로는 하나님의 일들과 영국법과 백성의 권리에 대해 공개적으로 존중을 표시한 하원의원과 치안판사, 그리고 그 밖의 귀족들이었습니다.

청교도의 영향 아래 영국 교회는 교회 정치상 고교회(High Church) 즉 영국성공회와 저교회(Low Church) 즉 회중교회로 구분되었는데, 영국성공회가 지역교회의 목회자를 중앙에서 결정하여 파송하는 방식과 달리 저교회는 지역교회의 교인들이 원하는 목회자를 청빙하는 형식을 고수했습니다. 고교회와 저교회 사이의 극심한 대립과 반목은 결국 최초의 영국교회 분리주의자 로버트 브라운(Robert Browne)에 의해 시작된 교회분리의 단초가 되었고, 이러한 분리주의 교회들도 저교회에 다수 포함되어 있었습니다. 질서를 강조하는 영국성공회와 신앙의 자유와 목회자 선택의 자유를 강조하는 회중교회 사이의 갈등은 17세기까지 지속되었습니다.

1572년에는 카트라이트가 스코틀랜드의 장로교 정치 제도를 영국에 도입하고자 시도했습니다. 이 과정에서 특별히 목사들과 자격을 갖춘 평신도들로 구성된 예언회(prophesyings), 혹은 훈련회(exercises) 등 자발적인 성경공부모임이 활성화되었습니다. 이 성경공부모임을 통해 저교회들은 학식 있는 목회자들을 청빙할 수 있었는데, 이들 대부분이 청교도 목회자들이었습니다. 엘리자베스 여왕은 이러한 모임을 제한했지만 영국 내의 장로교 조직을 반대하지는 않았습니다. 1587년에는 영국의 장로교 조직을 위해 「트레버스-카트라이트 치리서」(Travers-Cartwright Discipline)가 배포되기 시작했습니다. 1590년에는 이 문서에 서명한 목사의 수가 500명에 달할 만큼 두드러진 성장을 보였습니다. 하지만 이 성장은 1603년에 스코틀랜드 왕 제임스 6세가 영국과 스코틀랜드를 동시에 다스리는 제임스 1세(James I)로 등극함으로써 더 이상 지속되지 못했습니다. 제임스 1세는 절대군주제를 원했기 때문에 스코틀랜드의 장로교보다는 영국의 성공회를 더 선호하고 지지했습니다.

Q. 권력의지가 종교개혁에 끼친 영향은 무엇입니까?

Q. 종교개혁시대의 교회연합운동이란 무엇입니까?

Q. 영국 성공회는 어떻게 세워졌습니까?

Q. 청교도란 무엇입니까?

제6장
스코틀랜드 장로교회

제6장
스코틀랜드 장로교회

스코틀랜드 종교개혁

장로교의 탄생

역사적으로 영국은 크게 4개 지역, 잉글랜드, 웨일즈, 아일랜드, 스코틀랜드로 구분됩니다. 잉글랜드 지역 이외의 세 지역 주민들은 아직도 독립적인 성향이 강합니다. 16세기 잉글랜드와 웨일즈는 영국국교회인 성공회를 조용히 수용한 반면에, 아일랜드는 로마가톨릭교회의 전통을 그대로 고수하기 위해 격렬하게 저항했습니다. 그리고 당시 스코틀랜드는 영국 본토의 정치적 간섭을 받지 않고 자신들의 왕과 의회에 의해 직접 통치되는 독립국가에 가까웠습니다. 물론 영국 본토와의 갈등은 지속적으로 남아 있었습니다.

16세기에 영국 본토에는 헨리 8세에 의해 1인 독재체제의 강력한 왕국이 건설되었지만, 스코틀랜드에서는 왕이 절대적 권력을 휘두를 수 없었고 국가의 모든 중요한 업무는 반드시 의회를 소집하여 승인을 받아야 했습니다. 스코틀랜드 왕은 스튜어트(Stewart) 왕가였습니다. 그의 아버지 제임스 4세의 갑작스러운 죽음 때문에 태어난 지 1년 만에 왕위를 물려받은 제임스 5세는 튜더 왕가인 영국 왕 헨리 8세의 조카였습니다. 그의 어머니는 헨리 8세 여동생 마가렛(Margaret)이었습니다. 제임스 5세는 두 명을 왕비로 맞았는데, 한 명은 프랑스 왕 프랑수아 1세의 딸 막달렌(Magdalen 또는 Madeleine)이었고, 다른 한 명은 프랑스 기즈(Guise) 공의 딸 메리였습니다.

헨리 8세가 조카 제임스 5세에게 성공회를 받아들이도록 설득했지만 실패하자, 무력으로 스코틀랜드를 굴복시키려고 했기 때문에 전쟁은 불가피했습니다. 1542년 영국과의 전쟁에서 사망한 제임스 5세의 왕권은 태어난 지 7일밖에 되지 않은 외동딸 메리에게 넘어갔습니다. 어린 메리 스튜어트의 첫 섭정은 애런(Arran) 백작 제임스 해밀턴(James Hamilton)이었습니다. 헨리 8세가 자신의 계획을 이룰 수 있는 절호의 기회였습니다. 가능한 평화를 원했던 헨리 8세는 제임스 5세의 두 번째 왕비 기즈의 메리에게서 메리 스튜어트가 태어나자 자신의 어린 아들 에드워드 6세와 혼인 서약을 맺어 양국을 통일 왕국으로 만들 계획을 세웠습니다. 대부분이 잉글랜드를 지지하는 귀족들로 구성된 스코틀랜드 의회가 잉글랜드와의 혼인 협약에 동의하자 섭정도 수락했습니다.

하지만 이 계획이 순조롭게 진행될 수 없었습니다. 왜냐하면 스코틀랜드인들은 헨리 8세가 혼인 서약을 통해 스코틀랜드를 합법적으로 집어삼킬 의도가 있는 것으로 의심했기 때문입니다. 게다가 어린 여왕의 프랑스 출신 어머니 기즈의 메리가 완고한 로마가톨릭 신자였고 데이비드 비튼(David Beaton) 추기경이 그녀의 든든한 배후였는데, 이 두 사람이 양국 간의 혼인 협약을 강력하게 반대했기 때문입니다. 결국 그 협약은 무산되고 말았습니다. 헨리 8세는 또 다시 전쟁을 일으켰고, 이번에는 프랑스까지 스코틀랜드 편에 가세했기 때문에 국가적 전쟁으로 비화되었습니다. 이 지루한 전쟁은 스코틀랜드 왕 제임스 6세가 영국 전체의 왕 제임스 1세가 된 이후에도 결말을 보지 못했고 17세기 말 크롬웰이 스코틀랜드를 정복한 후에야 비로소 종식되었습니다.

스코틀랜드 종교개혁 운동은 제임스 5세의 사망 소식을 접한 조지 위샤트(George Wishart)가 1543년경에 망명 중에 고국으로 돌아오면서 시작되었으나, 그가 1546년 이단 혐의로 체포되어 데이비드 비턴 대주교에 의해 화형 당함으로써 오래가지 못했습니다. 하지만 위샤트의 설교를 듣고 감명을 받았으며 그의 비참한 죽음을 보고 충격을 받은 존 낙스(John Knox)가 복음을 위한 하나님의 나팔수가 되었기 때문에 스코틀랜드 종교개혁의 불씨는 꺼지지 않았습니다.

제임스 5세가 사망한 1542년부터 메리 스튜어트가 귀국한 1561년 사이에 잉글랜드는 정치적으로 많은 사건을 겪었습니다. 1547년에 헨리 8세가 죽었고, 왕위를 물려받은 그의 아들 에드워드 6세가 아버지의 개혁을 완성했으나 1553년에 단명했고, 헨리의 장녀 메리가 여왕으로 등극하여 개신교도들을 대대적으로 숙청하고 영국 종교를 성공회에서 로마가톨릭으로 환원시킨 피의 메리가 되었으나, 그녀마저 1558년에 죽음으로써, 결국 튜더 왕조의 마지막 왕인 엘리자베스 1세가 여왕의 자리에 올랐던 것입니다. 메리 스튜어트는 그녀의 왕권을 인정하지 않았습니다.

1558년 엘리자베스가 여왕으로 등극했다는 소식을 접한 낙스는 1559년 1월 스위스 제네바를 떠나 5월 2일 고국에 도착했습니다. 당시 스코틀랜드는 섭정 기즈의 메리를 중심으로 천주교를 지지하는 프랑스파 세력과 귀족들을 중심으로 종교개혁을 지지하는 대중들의 세력 사이의 정치적 종교적 분쟁으로 극도의 혼란 정국이었습니다. 귀국한 낙스의 불같은 설교는 종교개혁을 지지하는 귀족들과 대중들에게 큰 힘이 되었습니다. 섭정 기즈의 메리가 사망한 1560년 6월 11일부터, 프랑스 왕 프랑수아 2세의 왕비로 프랑스 왕궁에 살던 메리 스튜어트 여왕이 남편의 사망 후 귀국한 1561년 8월 19일까지, 약 1년 2개월 동안 스코틀랜드 통치권은 의회의 손에 넘어갔습니다. 그리고 이 짧은 기간은 스코틀랜드 종교개혁의 분수령이 되었습니다.

섭정 메리의 사망 후 양 진영은 에딘버러평화조약을 체결함으로써 정치적 분쟁을 일단락 했고, 종교 문제를 해결하기 위해 소집된 의회는 결국 8월 8일에 개최되었습니다. 의회의 모든 결정권은 사실상 종교개혁을 지지하는 세력이 쥐고 있었습니다. 의회는 교회 전체의 전면적인 개혁을 요구하는 청원을 받아들였고 이 청원에 따라 낙스를 포함한 6명의 존에게 맡겨진 신앙고백서가 8월 15일에 완성되자 17일 스코틀랜드 전체 교회의 공적인 신앙고백서로 채택함으로써 스코틀랜드 국교가 장로교임을 선언했습니다. 이것은 최초의 장로교 탄생을 알리는 나팔 소리였습니다.

장로교의 시련

1560년에 스코틀랜드에서 장로교가 탄생한 것은 역사적으로 기적 같은 사건이었습니다. 당시 스코틀랜드의 정치적 역학 구도는 영국과 프랑스 및 자국 내의 문제로 매우 복잡하게 얽혀 있었습니다. 밖으로는 왕위 계승과 교회 체제를 둘러싸고 영국과의 오랜 숙명적 갈등뿐만 아니라 프랑스와 얽힌 문제가 더욱 깊어졌고 안으로는 로마교 세력과 종교개혁 세력 간의 다툼이 점점 악화일로에 있었습니다.

1560년 스코틀랜드 여왕 메리의 어머니인 섭정 기즈의 메리가 죽고 국가의 중대 결정권이 의회의 손에 넘어오자

의회는 스튜어트 왕가의 메리 여왕이 프랑스로부터 귀국하기 전에 재빨리 종교문제를 처리했습니다. 의회는 만장일치로 로마가톨릭교회의 모든 조직을 폐기처분하고 스코틀랜드 종교개혁자들이 작성한 신앙고백서를 채택함으로써 스코틀랜드를 장로교 국가로 만들었습니다.

존 낙스는 정치적 타협을 모르는 강직한 종교개혁자였는데, 특히 여성 지도자를 좋게 평가하지 않았고 공공연하게 악평을 쏟아내곤 했습니다. 이런 그의 성향 때문에 죽은 섭정 기즈의 메리뿐만 아니라, 그녀의 딸 메리 스튜어트 여왕도 당연히 낙스를 싫어했고, 심지어 1558년에 등극한 영국 여왕 엘리자베스조차도 그를 좋아하지 않았습니다. 당시 모든 여왕을 자신의 적으로 만든 낙스의 성향은 갓 태어난 스코틀랜드 장로교가 확고부동하게 자리를 잡기까지 수많은 시련을 겪는 원인이 되기도 했습니다.

스코틀랜드에 장로교가 든든하게 뿌리를 내리는 과정은 결코 순탄하지 않은, 길고 험난한 길이었습니다. 프랑스 왕이 된지 만 1년 조금 지난 1560년 12월 5일에 어린 남편 프랑수아 2세가 갑자기 죽는 바람에 졸지에 과부가 된 메리 여왕은 자신을 환영하지 않는 프랑스 왕궁에 더 이상 머물

필요가 없었기 때문에 귀국했습니다. 그리고 장로교 국가가 된 스코틀랜드를 자신의 어머니 기즈의 메리가 신봉했던 천주교로 되돌리기 위해 있는 힘을 다했습니다.

낙스의 전투적 성향은 이런 메리 여왕의 천주교 재건을 그냥 지켜보고만 있지 않았습니다. 그는 죽을 각오로 여왕과 싸웠는데, 그의 가장 강력한 무기는 설교였습니다. 낙스는 메리 여왕이 미사에 참여하는 것을 공개적으로 비난했고 여왕은 그런 그를 소환하여 심문하는 일이 반복되었습니다. 장로교를 지지하는 귀족들은 메리 여왕의 행보가 자칫 나라 전체를 프랑스에 넘기지나 않을까 노심초사할 수밖에 없었고 이것이 스코틀랜드 민중에게는 우국충정의 민족주의로 보였기 때문에 점점 더 대중적인 지지를 많이 받았습니다.

그럼에도 불구하고 스코틀랜드는 대대로 왕의 나라였으므로 모든 권력은 메리 여왕의 손에 있었습니다. 그렇다고 여왕이 자기 마음대로 교회 문제를 결정할 수는 없었습니다. 가장 큰 걸림돌 중 하나가 바로 영국 본토가 로마가톨릭을 버리고 개신교 즉 성공회를 국교로 삼고 있었기 때문입니다. 스코틀랜드 왕궁의 유지가 영국 왕실의 재정적 지원

없이는 유지되기가 어려운 형편이었기 때문에 영국, 특히 엘리자베스 여왕의 눈치를 보지 않을 수 없었습니다.

영국 여왕은 자신의 신분을 문제 삼아 자신을 여왕으로 인정하지 않았던 확실한 신분의 스코틀랜드 여왕을 죽을 때까지 철저하게 경쟁 상대로 여기고 견제했습니다. 이런 구도에서 스코틀랜드 장로교도들에게는 영국 여왕이 정치적으로 누구보다 든든한 자신들의 후원자였습니다. 장로교를 지지하는 스코틀랜드 귀족들은 이런 정치적 역학 관계를 자신들에게 유리하도록 교묘하게 이용했기 때문에 스코틀랜드 장로교는 정치적으로 매우 복잡하고 지저분한 역사를 통해 확립되는 불행한 과정을 겪을 수밖에 없었습니다.

당대 최고의 미인이자 가장 교양 있는 여인으로 소문난 18세의 미망인 메리 여왕의 실수는 헨리 스튜어트 단리 경 (Lord Darnly Henry Stuart)과 사랑에 빠져 1565년 7월 29일에 결혼한 것입니다. 결혼 후 단리 경은 여왕의 남편이라는 신분에 만족하지 못하고 '결혼에 의한 공동 통치권'을 얻어내려 살해 음모까지 꾸미면서 메리가 가장 친애하는 개인비서를 살해했으나 이로 인해 메리 여왕과의 관계만 더 나빠졌습니다. 이 사건 이후로 로마교를 신봉하는 귀족들뿐만 아니라, 장로교를 신봉하는 귀족들도 권력을 차지하기 위해 암살 음모까지 서슴지 않고 꾸미고 실행하는 어둡고 추악한 역사가 반복됩니다.

1566년 9월 19일에는 메리 여왕과 단리 경 사이에서 제임스 6세가 태어나는데, 그의 탄생은 새로운 내전의 시작이었습니다. 음흉하고 사악한 보스웰(Bothwell)의 백작 제임스 햅번(James Hepburn)이 1567년에 단리 경을 제거하고 여왕과 강제로 결혼했으나 이 사건에 개신교도들과 천주교도들 모두 공분했기 때문에 결국 여왕은 태어 난지 6개월 정도밖에 되지 않은 아들 제임스 6세에게 왕위를 물려주게 되었습니다. 이때 낙스는 메리 여왕의 폐위에 만족하지 못하고 그녀를 처형해야 한다고 주장할 정도로 극렬했습니다. 이때부터 1578년 2월 8일 메리 여왕이 단두대의 이슬로 사라질 때까지 여왕을 지지하는 로마가톨릭 귀족들과 어린 왕 제임스를 지지하는 장로교 귀족들 사이의 지저분한 정치적 암투와 내전은 끊이질 않았습니다. 어머니와 아들 사이에 벌어진 가장 비극적인 일이었습니다. 아들은 자기도 모르는 사이에 왕이 된 후 얼굴도 볼 수 없었던 자신의 어머니와 철천지 원수가 되었던 것입니다.

장로교의 정착

장로교의 아버지 존 낙스는 1572년 11월 24일에 사망했습니다. 이때까지도 로마가톨릭을 지지하는 메리 여왕의 추종자들과 종교개혁을 지지하는 제임스 6세의 추종자들 사이의 정치적 갈등과 대립은 해결될 기미가 없었고 더욱 복잡해졌습니다. 낙스의 불같은 성격 때문에 1571년에는 그의 일부 동료들조차도 그의 정치적 설교를 좋아하지 않았습니다. 심지어 낙스가 반역자요, 교회를 분열시키는 분리주의자요, 이단자라는 문서가 나돌 정도로 종교개혁을 지지하는 세력은 약화되었고 종교개혁에 대한 열기도 점점 식어갔습니다.

1572년 1월에는 리스 협약(Concordat of Leith)이 통과되었습니다. 이 협약은 대주교와 주교의 자리를 그대로 유지하도록 했을 뿐만 아니라, 대성당 참사회도 회원들이 전원 사망할 때까지 유지하도록 했습니다. 또한 공석인 주교는 국왕이 천거하고 참사회가 심사 선출하도록 했으며 임명된 주교는 왕에게 충성을 서약하도록 했습니다. 한마디로 스코틀랜드에 영국의 감독제도 일부가 공적으로 도입되고 인정된 것이라고 볼 수 있습니다.

이 시기에 어린 제임스 6세의 섭정 모턴(Morton)의 백작 제임스 더글라스(James Douglas)는 자신의 정치적 입지를 더욱 곤고히 하기 위해 영국과의 유대를 강화했습니다. 섭정 모턴의 지명으로 앤드류 대학의 학장 존 더글라스(John Douglas)가 세인트 앤드류스(St. Andrews)의 대감독으로 선출되었는데, 그는 1560년 「스코틀랜드 신앙고백서」를 작성한 6명의 존(Johns) 가운데 한 명이었습니다. 대주교 취임식 설교를 맡았던 낙스는 설교에서 주는 쪽과 받는 쪽 모두를 저주한 후 취임식에 참여하지 않았습니다.

낙스가 비록 1560년 「제1차 스코틀랜드 치리서」에서 감독(superintendent) 제도를 인정하긴 했지만 대주교(대감독)와 주교(감독) 제도의 부활을 찬성하지는 않았습니다. 주교제도는 사실상 스코틀랜드 장로교회가 추구하는 의회 제도의 기본 정신과 맞지 않는 것이었습니다. 1572년 8월에는 저 유명한 프랑스 바르톨로뮤대학살 사건, 즉 개신교도들이 대량 학살되는 끔찍한 살해사건이 발생했는데, 이 사건으로 메리 여왕에 대한 낙스의 공격은 한층 더 날카로웠으나, 이전처럼 강력하진 못했습니다.

생애 말년의 낙스는 실망감 속에 많이 지쳐 있었습니다.

1572년 7월에 보낸 한 편지에서 그는 다음과 같이 첨언했습니다. "세상이 나를 싫어하는 것처럼 나도 세상이 싫습니다." 하나님의 나팔수 낙스는 스코틀랜드에 아직 장로교회 체제가 든든하게 정착하지 못한 상태에서 세상을 떠나고 말았습니다. 낙스의 후계자 앤드류 멜빌(Andrew Melville)에 따르면 낙스와 정치적 대립각을 세웠던 섭정조차도 그의 무덤가에서 다음과 같이 그를 평가했습니다. '어떤 육신도 두려워하지 않았던 한 사람이 여기에 누워 있습니다.' 세속정부에 대한 시민들의 저항 정신은 낙스에게서 물려받은 스코틀랜드 장로교 특유의 정신입니다.

낙스의 사망으로 스코틀랜드 장로교는 풍전등화와 같았으나 하나님께서는 그를 대신할 용감한 인물 앤드류 멜빌을 주셨습니다. 멜빌은 진정한 장로교회의 터전을 든든히 세운 스코틀랜드 종교개혁자입니다. 낙스만 알고 멜빌을 모르면 스코틀랜드 장로교회에 대해 반쪽만 아는 것입니다. 낙스의 장로교 사상은 멜빌을 거쳐 17세기 언약도들에게 전수됩니다. 멜빌이 없었다면 아마 스코틀랜드 언약도들도 없었을 것입니다. 낙스와 멜빌의 용감한 저항 정신 덕분에 스코틀랜드는 최초의 개신교 순교자가 루터파였으나, 장로교 국가가 된 것입니다.

1578년 4월에는 멜빌의 「스코틀랜드 제2치리서」가 총회의 승인은 받았으나 영국성공회를 지지하는 섭정 모턴의 인준은 받지 못했습니다. 이 문서는 「제1치리서」에 있던 '감독'(superintendent) 직위를 없애버림으로써 섭정 모턴이 도입하려고 했던 왕 아래 위계적인 감독체제인 주교제도를 원천적으로 봉쇄하고 목사 상호 간의 평등을 강조함으로써 장로교정치체제를 정착시키는데 결정적인 역할을 했습니다. 1592년에 제임스 6세가 「제2치리서」를 따라 당회와 노회와 총회라는 교회정치체제를 승인했을 뿐만 아니라, 주교의 사법권을 폐지함으로써 장로교는 합법적인 스코틀랜드 국교가 될 수 있었습니다. 하지만 이후 왕권신수설을 주장하면서 주교제도를 선호한 왕당파와 그리스도의 머리되심만을 인정하면서 세속 정부로부터 교회 운영의 독립권을 주장한 의회파 간의 치열한 싸움 끝에 스코틀랜드는 1690년에 비로소 감독제를 완전히 폐지하고 1592년에 결정된 장로교 정치체제를 다시 확정함으로써 명실상부한 최초의 장로교 국가로 거듭났습니다.

스코틀랜드 장로교의 가장 큰 특징은 교회 문제에 대해

서는 백성들이나 군주나 그 누구도 간섭 없이 오직 교회의 구성원을 대표하는 목사와 장로가 동수로 구성된 최고의 치리회인 총회(General Assembly of Church)가 독점적 권리를 갖는다는 것입니다. 로마천주교와 영국성공회가 인정하는 성직자들 사이의 위계적 종속관계, 즉 주교와 사제와 목사 등 기타 목회자들 사이의 지위와 직책의 차별을 완전히 폐기해버린 것입니다. 이것이 '목사 위에 목사 없고 교회 위에 교회가 없다'는 개혁교회 직분의 평등 원리입니다. 또 다른 특징은 목사들이 의회에 참석하여 국가 정치에 개입하는 일을 스스로 포기한 것입니다. 이것은 세속정치와 교회정치의 분리를 의미합니다. 목사가 직접 세속정치에 참여하거나 간섭하지는 않지만 현실 정치의 잘못된 정책에 대해서는 설교를 통해 얼마든지 비판할 수 있고 그래야 했습니다.

17세기 스코틀랜드는 장로체제인가 주교체제인가?

스코틀랜드 제임스 6세가 1603년 튜더 왕가의 엘리자베스 여왕을 계승하면서 제임스 1세가 되었고 그가 영국 전체의 왕이 됨으로써 스튜어트 왕가 시대를 열었습니다. 제임스 1세는 영국 청교도들과 스코틀랜드 장로교도들의 청원을 받아들여 1604년에 종교회의를 개최하도록 허락했고, 이 회의에서 새로운 영어번역성경의 편찬이 결정되었습니다. 이 성경이 바로 1611년에 출간된 KJV, 즉 제임스 왕의 성경(King James Version)인 흠정역(Authorized Version)입니다. 엘리자베스 여왕이 통치하던 1560년에 제네바에서 출판된 제네바 영어성경은 1540년에 출판되어 영국 국민의 가족성 경으로 사랑받던 대성경(Great Bible)의 자리를 대신했습니다. 이 제네바 성경은 장과 절로 구분된 최초의 영어번역성 경이었으나, 흠정역이 출간된 이후 역사의 뒤안길로 사라 졌습니다.

하지만 왕권신수설 입장이었던 제임스 1세는 스코틀랜 드와 잉글랜드의 왕이 된 후 스코틀랜드의 장로교보다는 영 국 본토의 성공회를 지지했습니다. 왜냐하면 국왕을 교회 의 최고통치자로 인정하는 영국 성공회가 제임스 1세에게 는 그의 왕권신수설을 강화할 수 있는 가장 좋은 통치수단 이었기 때문입니다. 그래서 그는 스코틀랜드의 장로교조차 도 성공회 감독체제로 바꾸고 싶어 했습니다. 결국 1618년 퍼스에서 개최된 스코틀랜드 총회가 퍼스의 5개 조항(Five Articles of Perth)이라는 것을 마지못해 통과시킴으로써 제임스 1세의 숙원은 이루어졌습니다. 이것을 스코틀랜드 의회는 1621년까지 비준하지 않았습니다.

스코틀랜드교회의 총회가 수용한 퍼스 5개 조항의 내용은 다음과 같습니다. 첫째, 성찬이 거행되는 동안 앉은 자세가 아닌 무릎을 꿇은 자세로 받아야 한다. 둘째, 환자나 허약자들과 같은 특별한 경우에는 성찬식을 개인적으로 베풀수도 있다. 셋째, 세례식은 필요한 경우 비공식적으로 거행할 수도 있다. 넷째, 유아세례를 받은 아이가 자라면 반드시 주교에게 견진성사(입교)를 받아야 한다. 다섯째, 기독교의 4대 성일, 즉 성탄절, 수난일, 부활절, 성령강림절은 축일로 지켜야 한다. 이 5개 조항은 멜빌이 작성한 「스코틀랜드 제2치리서」를 거부하는 내용이라고 볼 수 있습니다.

스코틀랜드 교회까지 감독체제로 만든 후 제임스 1세가 자신의 절대군주제를 더욱 강화하기 위해 영국 본토 모든 교회에 성공회 기도서를 수용하도록 강요했기 때문에 이것을 거부한 회중주의 청교도들은 대거 영국에서 추방되었고, 네덜란드로 망명했다가 1620년에 메이플라워(Mayflower)호를 타고 북아메리카대륙에 도착했는데, 이들이 지금의 미국을 세운 사람들의 조상입니다.

1625년에 왕위에 오른 찰스 1세는 아버지 제임스 1세보다 더 철저하게 절대군주제를 강화하길 원했습니다. 제임스 1세와 찰스 1세의 교회정책에 대한 영국 본토의 청교도들과 스코틀랜드 장로교도들의 불만은 점점 커져갔습니다. 찰스 1세는 윌리엄 로드(William Laud)가 작성한 「스코틀랜드 공동기도서」를 스코틀랜드 교회에 강요하다가 장로교도들 즉 언약도들의 완강한 저항에 부딪혀 전쟁을 치러야 했고 전쟁 자금을 마련하기 위해 결국 1640년에 자신이 그토록 싫어하던 의회를 소집하지 않을 수 없었습니다. 이 의회는 올리브 크롬웰(Oliver Cromwell)이 1653년에 해산할 때까지 지속되었기 때문에 장기의회(Long Parliament)로 불립니다. 찰스 1세는 1542년에 이 의회를 강제 해산하려다가 실패했고, 결국 이 의회에 의해 폐위되었고 1649년 단두대에서 처형되고 말았습니다.

제임스 1세가 죽자 장로교도들은 청교도들과 합세하여 영국 전체 교회를 장로교로 만들려고 시도하기도 했고, 실제로 1643년에는 영국 본토의 성공회 감독체제를 공식적으로 폐지시키는 성과를 거두기도 했습니다. 이 여세를 몰아 의회는 1647년에는 장로교정치체제를 법으로 결정했습니다. 그리고 1643년에 개회된 웨스트민스터총회의 「예배규정」(1644)과 「표준문서」(1648)를 통과시켰습니다. 잘 알려진 것처럼 웨스트민스터 표준문서란 웨스트민스터신앙고백서와 대교리문답 및 소교리문답을 말합니다.

하지만 장로교를 지지하는 웨스트민스터총회의 문서들은 결과적으로 스코틀랜드교회에서만 수용되고 영국 본토에서는 수용되지 못했습니다. 아쉽게도 장로교 제도가 영국 본토에 뿌리내리지 못한 결정적인 원인은 사실상 성공회를 지지한 국왕파의 저항이 아니라 장로교 제도에 대한 크롬웰과 회중주의자들의 적개심이었습니다. 회중교도였던 크롬웰이 장로교도들의 엄격함에 격분하여 그들이 득세하지 못하도록 저지했기 때문입니다. 크롬웰과 그의 아들이 정권을 잡은 1650년대 영국 본토는 신학적으로는 칼뱅주의가 대세였으나 교회정치체제로는 크롬웰이 지지한 독립파의 회중주의가 대세였습니다.

성공회 정치체제는 교황 중심의 천주교처럼 캔터베리 대주교 중심의 계급적 감독제도입니다. 성공회는 캔터베리 대주교가 정점에 있는 것으로 보이지만, 캔터베리 대주교뿐만 아니라 모든 주교의 법적 임면권을 가진 영국교회의 최고 통치자인 국왕 중심의 독재체제입니다. 반면에 장로회 정치체제는 의회제도로서 총회와 노회와 당회와 같은 회의가 최고결정기관입니다. 스코틀랜드 장로회는 역사적으로 잉글랜드의 성공회와 갈등과 대립을 통해 형성되었기 때문에 주교제도 즉 감독제도의 계급화를 극단적으로 거부하는 방향으로 발전하게 되었습니다. 잉글랜드의 성공회와 스코틀랜드 장로교의 공통점은 둘 다 국교회라는 것입니다. 이러한 국교회 개념을 반대하고 국가와 교회를 철저하게 구분한 회중주의는 개체교회의 회중이 어떤 외부의 간섭 없이 독립적으로 자기 교회에 관한 모든 결정권을 가진다는 입장입니다.

16-17세기 스코틀랜드 장로교회의 특징

스코틀랜드 장로교는 1560년 낙스에 의해 시작되었지만, 그때 수용된 「스코틀랜드 제1치리서」가 1581년에 총회를 통해 공식적으로 채택된 「스코틀랜드 제2치리서」로 대체되기까지 변화와 발전을 거듭하였고, 이후에도 18-19세기에는 지교회의 목회자 선택권으로 내홍을 겪기도 했습니다. 오늘날 미국과 호주 등 전 세계의 장로교는 스코틀랜드 장로교가 모체입니다. 지금의 한국장로교는 미국장로교의 영향이 거의 절대적입니다. 물론 초기에는 호주장로교 선교사들의 영향도 적지 않게 받았습니다.

스코틀랜드 장로교의 「제1치리서」와 「제2치리서」를 중심으로 발전되고 정착된 장로교 제도의 특징을 요약하면 크게 4가지로 나눌 수 있을 것 같습니다. 독립정신, 평등정신, 선출제도, 그리고 치리제도가 그것입니다.

첫째로는 독립정신입니다. 장로교의 독립정신이란 교회가 교황 즉 교황중심의 독재로부터 벗어나야 하지만 국왕이나 정부로부터도 독립해야 한다는 것을 의미합니다. 16세기 대부분의 개신교 지역의 교회는 교황체제로부터 벗어남과 동시에 국가 정부에 예속되는 형국이었습니다. 국가 정부에 속한 교회형태는 단지 영국 성공회만이 아니었습니다. 모든 독일을 포함한 루터파 지역들뿐만 아니라, 심지어 스위스의 개혁파 자유도시들까지도 국가교회 형태나 정부교회의 형태였습니다. 즉 교회가 국가나 정부에 예속된 상태였다는 뜻입니다. 이런 교회형태를 옹호한 사람들도 있었는데, 대표적으로는 취리히의 종교개혁자 츠빙글리와 그의 추종자 에라스투스(Erastus)를 들 수 있습니다. 특히 후자의 이름에서 기원한 에라스투스주의(Erastianism)는 교회가 국가에 종속되어야 한다는 주장입니다.

츠빙글리와 달리, 비텐베르크의 종교개혁자 루터는 교회가 국왕이나 국가 혹은 정부에 예속되는 것을 우려했지만 그 우려가 현실이 되는 것을 막지는 못했습니다. 그래서 모든 루터파 개신교를 수용한 지역들은 사실상 모두 루터교 국가가 되었는데, 예컨대 북유럽의 덴마크, 노르웨이, 스웨덴 등이 대표적입니다.

하지만 교회가 국가 정부로부터 독립적이어야 한다고 용감하게 주장한 종교개혁자들이 있는데, 대표적으로는 바젤의 종교개혁자 외콜람파디우스, 스트라스부르의 종교개혁자 부서, 제네바의 종교개혁자 칼뱅 등입니다. 세 종교개혁자는 모두 교회의 통치가 정부의 통치로부터 독립적이어야 한다고 강력하게 주장했습니다. 이들의 주장은 상당히 시대를 앞선 것으로, 그들 중 칼뱅만이 교회통치 즉 교회치리의 독립성을 불완전하게나마 제네바에 실현했던 인물입니다. 하지만 스코틀랜드 장로교는 처음으로 교회를 정부로부터 완전히 독립시킨 최초의 국가입니다.

스코틀랜드 장로교의 두 번째 특징은 평등정신입니다.

로마천주교가 위계적 제도였고 또한 영국 성공회도 위계적 구조였습니다. 존 낙스의 「제1치리서」에서는 일정 지역 전체를 돌며 설교와 관리감독의 일을 수행하는 지역순회감독관(superintendent) 제도를 도입했습니다. 이 제도는 종교개혁 초기에 독일에서 처음 도입된 이후 유럽의 몇몇 지역에서 모방하여 시행하기도 했습니다. 낙스가 1560년에 이 제도를 도입한 이유는 당시 교회를 섬길 수 있는 목사의 수가 태부족했기 때문에 뛰어난 몇몇 사람을 선발하여 목사가 없는 지역의 모든 교회를 돌면서 설교하고 관리·감독하는 일을 맡겼던 것입니다.

지역순회감독관은 이 제도가 파기된 1581년까지 약 20년간 존속하다가 그 업무를 대신할 지역장로회(Presbytery. 오늘날 시찰회보다 조금 작은 규모의 치리회)가 세워짐으로써 장로교에서 완전히 사라졌습니다. 사실상 이것은 장로교의 정체성 즉 평등한 회원들로 구성된 회의체제를 위협하는 위계적 제도였습니다. 위계적 신분에 따라 상호 차별적인 천주교의 교황제도나 성공회의 주교제도와 달리, 장로교의 모든 목사들은 서로를 평등한 동료로 인정했습니다. 목사 위에 목사 없고 목사 밑에 목사 없다는 원칙은 장로교의 대의

였습니다. 그래서 앤드류 멜빌은 「제2치리서」를 통해 지역 순회감독관 제도를 폐지하고 대신에 지역치리회인 장로회를 세우도록 했습니다. 목사들 사이의 상호 평등은 장로교뿐만 아니라, 아주 중요한 종교개혁 원리 가운데 하나였습니다. 하지만 이러한 직분의 평등 원리가 목사와 장로와 집사 등과 같은 모든 직분 상호 간의 평등을 의미하거나 주장한 것은 아니었습니다.

셋째로는 선출제도입니다. 교황제도나 주교제도는 지역교회 교인들의 의사와 상관없이 황제나 대주교 등이 사제나 주교를 임명하여 파송했습니다. 하지만 장로교는 지역교회에 필요한 직분자를 지역교회 교인들이 스스로 투표하여 선출하는 것을 원칙으로 삼았습니다. 「제1치리서」에서는 지역교회의 목사 청빙을 위해 먼저 교인들이 투표로 선출한 목사 후보자들 가운데 1명을 목사와 장로로 구성된 심사위원회가 최종 후보자로 선택한 다음, 교인들이 최종 후보자 1인을 두고 최종 투표하는 방식을 소개했습니다.

이런 제도는 독일 중부 지역인 헤세(Hesse)의 「교회규정」(1526)에 처음으로 소개되었습니다. 이 규정을 만든 사람은 헤세의 영주 필립 공을 도와 최초의 개신교 대학인 마

르부르크 대학을 설립한 마르부르크 종교개혁자, 아비
뇽(Avignon)의 프란체스코 수도원 출신 프랑수아 랑베르
(François Lambert)인데, 랑베르는 스코틀랜드 초기 종교개혁
자로 알려진 순교자 패트릭 해밀턴(Patrick Hamilton)의 스승
이었습니다.

스코틀랜드 장로교의 네 번째 특징인 치리제도, 즉 당회
와 시찰회와 노회와 총회에 대해서는 아래에서 상세하게 소
개하겠습니다.

장로회

스코틀랜드 장로교회의 네 번째 특징은 치리회입니다.
잉글랜드 국가교회는 성공회였고 스코틀랜드 국가교회는
장로교회였습니다. 성공회가 국왕을 정점으로 한 위계적
주교제도였던 것과 대조적으로 장로교회는 국가 정부로부
터 독립된 순수교회 기관인 총회를 정점으로 한 민주적 공
화체제였습니다. 민주적 공화체제란 교회가 개인에 의해
다스려지는 것이 아니라, 교회 대표자들의 모임인 치리회
를 통해 다스려지되, 상회에 상소할 수 있는 제도라는 뜻입
니다. 스코틀랜드에서 상소제도는 1563년에 도입되었고 교

인이라면 누구든지 상소할 수 있도록 했습니다.

오늘날 정착된 장로교제도의 근간이 된 앤드류 멜빌의 「스코틀랜드 제2치리서」에 나타난 스코틀랜드 장로교회의 치리회들을 소개하고자 하는데, 이것이 장로교의 근본정신을 가늠하는 시금석입니다. 이것은 1592년 스코틀랜드 의회에서 승인을 얻어 국가적 장로교회의 합법적인 교회법으로 공인되었습니다.

여기에 소개된 장로교회의 모임(Assemblies) 즉 치리회(Elderships)는 교구교회 치리회인 당회(혹은 지역교회 시찰회), 지방교회 치리회인 노회, 전국교회 치리회인 총회, 세계교회 치리회인 국제총회입니다. 초기 즉 1560년대에는 이와 조금 다른 네 종류의 치리회가 소개되는데, 그것은 [지역교회]치리회(Consistory), [지역교회]매주성경해설모임(Weekly Assembly; Exercise), [지역순회]감독관회의(Council of the Superintendents), [전국]총회(General Assembly)입니다.

첫 번째로는, 교구교회 혹은 지역교회 치리회(Consistory; Kirk Session; Kirk Eldership; Presbytery)가 있었는데, 이것은 오늘날 개체교회 당회의 원형입니다. 16-17세기에는 스코틀랜드뿐만 아니라 다른 유럽 지역에서도 교회가 교구 단위였고 한 교구 안에 3-4개의 교회건물이 있는 것이 일반적이었지만 한 교구를 한 교회로 간주했기 때문에 엄밀하게 말하면 오늘날 개체교회 개념과는 확실히 다릅니다. 그리고 「제2치리서」에서는 교구마다 독립적인 치리회를 가져야 하는 것으로 보지 않고 오히려 3-4개의 교구 단위로 묶어서 하나의 치리회를 갖도록 했는데, 이것은 오늘날 시찰회 규모의 치리회를 의미합니다. 그러므로 세월이 지나면서 교구교회의 치리회는 개체교회의 당회로, 3-4개 교구로 구성된 지역단위의 치리회는 시찰회로 분화되었다고 볼 수 있습니다.

1560년의 「제1치리서」에서는 목사와 장로로 구성된 교구교회 치리회를 의미하는 consistory와 session이라는 단어가 각각 한 번씩만 사용되었습니다. 그리고 「제2치리서」에서는 이 두 단어 대신에 eldership, presbytery라는 단어가 사용되었습니다. 초기의 교구교회 치리회는 목사와 장로와 집사로 구성되었습니다. 세 직분은 교구교회의 모든 업무를 위해 협력했습니다. 다만 목사 청빙 업무는 집사를 제외한 목사와 장로로만 구성된 위원회가 관장했습니다.

지역단위의 치리회 즉 장로회(Presbytery)는 장로교회제도의 근간이요 핵심입니다. 왜냐하면 이 장로회는 초기의 지역순회감독관 제도를 대체했고 그들의 치리업무와 회의를 대신 수행했기 때문입니다. 이 치리회는 프랑스 위그노교회의 지역교회 치리회(Colloquy) 혹은 베른과 로잔 개혁교회의 지역치리회(Classe)와 같은 역할을 감당했는데, 사실상 오늘날 시찰회 규모의 치리회를 의미합니다. 구성원은 지역교회의 모든 목사와 신학교 교수, 그리고 지역교회에서 파송된 장로였고, 집사는 제외되었습니다. 프랑스의 지역교회 치리회(Colloquy)는 교구 개체교회 치리회(Consistory)가 상소할 수 있는 상회였습니다.

장로교의 장로회, 즉 지역교회 치리회의 기능은 목사 설교의 정통성 여부, 성례 시행의 정당성 여부, 헌금 집행의 신실성 여부, 그리고 교회 치리가 권위 있게 유지되는지, 노회와 총회의 결정들이 각 교회에서 실행되는지 여부를 감시하고 감독하는 것이었습니다. 이런 감시와 감독을 위해 언제나 두 명 이상의 시찰부원을 선정하여 조사하도록 파송했습니다. 이 치리회는 지역교회 내 모든 목사의 임면권뿐만 아니라, 교구교회 치리회의 통제권도 행사했습니다. 규모가 오늘날 노회보다 작았으므로 지역교회들을 세밀하게 살

필 수 있었습니다.

행정 업무만 담당하기 위해 몇몇 시찰부원으로 구성된 현행의 시찰회로는 명칭대로 지역의 개체교회에 대한 시찰 업무를 제대로 수행하기가 불가능하기 때문에, 지역의 모든 목사와 장로들로 구성된 실질적인 치리회가 되어야 합니다. 그래야 지역교회를 건전하게 유지해 갈 수 있을 것입니다. 현재 시찰회는 행정 업무만 담당함에도 불구하고 시찰 부원과 시찰장으로 선출되는 것이 무슨 벼슬인 양 교만을 떨고 권위주의에 사로잡혀 결국 노회와 총회의 온갖 이상한 정치꾼들을 양산하는 양성소로 변한 것 하나만으로도 시급하게 개선되어야 할 이유가 충분합니다. 물론 시찰교역 자회가 성경과 기도를 배우고 가르치는 일과 무관하게 먹고 마시는 친목단체로 변질된 것에 대해서도 근본적으로 반성하고 개선해야 할 것입니다.

또한 이 치리회가 '장로회'(Presbytery)로 지칭된 사실에 주목하고 유의해야 합니다. 확실히 이 명칭은 바울이 디모데가 목회자로 안수 받은 사실에 대해 말씀하는 신약성경에 근거한 것입니다. '네 속에 있는 은사 곧 장로의 회에서 안수 받을 때에 예언을 통하여 받은 것을 가볍게 여기지 말고"(딤전 4:14). 그런데 오늘날 장로회라는 명칭은 가르치는 장로인 목사들을 배제하고 다스리는 장로인 장로들만의 모임을 의미합니다. 친목을 도모하기 위해 목사가 제외된 장로들만의 모임을 만들고 이것을 장로회라 부른 것은 치리회로서의 장로회에 대한 심각한 역사적 오류일 뿐만 아니라, 장로교의 근간을 흔드는 반역행위에 가깝습니다. 그러므로 우리는 장로교의 기원 역사와 정신에 대한 무지를 통감하고 반성해야 할 뿐만 아니라, 지금이라도 당장 장로회를 없애든지, 아니면 그 이름만이라도 다른 것으로 바꾸어야 할 것입니다.

노회와 총회, 그리고 국제대회

두 번째로는, 지역교회 치리회(Presbytery)의 상회인 지방교회 치리회(Provincial Assembly; Synodal Assembly. 지방노회)가 있었는데, 이것은 오늘날 일정 지역 전체의 치리회인 노회에 해당합니다. 스코틀랜드장로교의 노회제도는 1560년의 「스코틀랜드 제1치리서」에는 구체적인 언급이 없고, 1562년에야 비로소 도입되었습니다. 이 때 노회는 순회감독관들과 각 교회의 목사들, 그리고 지역[교구]교회를 대표하는 장로 혹은 집사 한 명으로 구성되었고 연 2회 개최하도록 규정되었습니다. 노회의 업무는 순회감독관들을 감독하였고 목사의 시무지 이동을 관장하였으며 지역교회 당회의 판결에 불복하여 올라온 상소들을 처리하는 상회의 역할을 감당하였습니다. 또한 총회에 참석할 총대들을 선출하였습니다.

1576년부터는 노회장을 순회감독관이 자동으로 맡았으나, 순회감독관제도를 폐지한 「스코틀랜드 제2치리서」의 영향으로 1582년부터는 노회에서 선출하도록 규정했습니다. 노회는 노회 안에 문제가 발생했을 경우 일정 수의 특별조사위원을 선정하여 파견했는데, 여기서 발전한 형태가 오늘날 전권위원회입니다. 사안에 따라 총회가 파송한 조사위원과 함께 공동 조사업무를 감당하기 위해 노회는 1명 이상의 노회 조사위원을 선정하여 파견하기도 했습니다. 이와 같은 노회와 총회의 긴밀한 공조 업무는 지금은 사라지고 없습니다.

스코틀랜드 장로교가 도입한 지방노회제도의 원형은 사실상 프랑스개혁교회, 즉 위그노교회의 노회제도였습니다. 위그노교회의 노회는 지방에 속한 모든 목사들과 각 지역교회 치리회가 파송한 한 두 명의 장로 혹은 집사로 구성되었습니다. 이처럼 지방단위의 광역 치리회는 제네바와 같은 도시 단위의 치리회 제도에는 없는 것이었습니다. 이런 지방단위의 치리회인 노회가 개혁교회에서 처음 등장하는 것은 프랑스개혁교회 즉 위그노교회였습니다. 프랑스개혁교회는 1560년에 노회를 연 1회 회집하도록 규정했으나, 1571년에는 연 2회 회집하도록 개정했습니다.

프랑스개혁교회의 노회장은 6개월이나 1년의 임기를 위해 노회 회원 중 1명을 노회에서 선출했습니다. 노회의 업무는 지역교회가 목사 청빙을 위한 도움을 요청할 경우 목사 선출에 개입했고, 목사와 교인 사이의 불화와 지역교회의 분쟁을 조정하는 역할을 감당했고, 목사의 시무지 이동을 관장했으며, 하회에 관한 총회의 결의 사항을 지역교회가 지키는지 감독했으며, 목사의 잘못을 심의하고 판결했습니다. 지역교회의 치리회인 당회가 올린 사안들을 처리하는 상회의 역할도 감당했습니다. 총회에 참석할 목사와 장로 총대를 선출하는 일을 초기에는 당회가 맡았으나, 나중에는 노회가 맡았습니다.

세 번째로는, 지방교회 치리회인 노회 위에는 국가 단위의 전국교회 치리회, 즉 총회(General Assembly; National

Assembly)가 있었는데, 이것은 장로교회의 최고 치리회였습니다. 낙스의 스코틀랜드 종교개혁이 성공적으로 출발한 1560년에 창립된 총회는 스코틀랜드를 장로교국가로 만드는데 핵심적인 역할을 감당했습니다. 총회제도를 통해 스코틀랜드교회는 정부의 간섭에서 벗어나 독립적인 치리권을 가진 장로회 자치기관으로 거듭날 수 있었습니다. 총회는 교회와 연관된 모든 업무를 독자적으로 처리하는 기관으로 설립되었습니다. 초기에는 사실상 교회와 관련한 거의 모든 업무의 결정권과 치리권이 총회에 속한 것이었다고 해도 과언이 아닙니다.

총회의 총대에 교회 직분과 무관한 귀족들과 정치인들이 포함되었던 「제1치리서」의 규정과 달리, 「제2치리서」는 총회의 정회원을 교회 직분으로만 제한했는데, 1586년에 제정된 규정에 따르면 총회 정회원은 목사와 신학교 교수와 장로였습니다. 신학교 교수는 「제2치리서」의 규정에 따라 처음으로 노회의 정회원이 되면서부터 점차 치리회에서 신학교 교수의 역할과 비중도 확대되어갔습니다. 오늘날 신학교 교수가 총회의 당연직 회원이 되지 못하는 것은 교회의 크나큰 손실이 아닐 수 없습니다. 왜냐하면 이들은 교회의 교사이기 때문입니다.

스코틀랜드장로교 치리제도의 가장 중요한 특징은 1560
년에 작성되고 승인된 「제1치리서」에서부터 1578년에 작성
된 「제2치리서」가 1592년에 최종 승인되기까지 제도적 변화
와 발전을 거듭하면서 상소와 상회 제도를 도입하고 정착시
켰다는 점입니다. 물론 이 두 제도 모두 프랑스개혁교회를
모방한 것이었지만 스코틀랜드장로교회가 그 두 제도를 프
랑스개혁교회보다 훨씬 더 효과적으로 적용하고 확립했던
것으로 보입니다. 왜냐하면 스코틀랜드가 장로교를 스코틀
랜드 전체 교회의 유일한 교회형태, 즉 국교로 받아들인 반
면에 프랑스개혁교회는 낭트칙령을 통해 지역적으로 종교
의 자유를 보장받았지만 프랑스의 국교가 되지는 못했기 때
문입니다.

스코틀랜드장로교의 상소제도는 지위의 높고 낮음과 사
안의 경중을 가리지 않고 누구든지 상소하기를 원하면 무슨
일이든지 상소할 수 있도록 했기 때문에 상당히 민주적이었
습니다. 프랑스개혁교회는 1559년 첫 총회부터 당회, 시찰
회, 노회, 총회라는 구조로 된 상회 개념의 치리제도를 마련
했음에도 불구하고, 핍박 아래 있었기 때문에 그 제도를 질

서 있고 효과적으로 확립하기가 어려웠습니다. 그래서 프랑스개혁교회는 아래로부터 점차 위로 즉 당회로부터 총회로 발전한 형태였습니다. 이에 반해 스코틀랜드 장로교는 국교로 시작했기 때문에 위로부터 아래로 즉 총회로부터 당회로 발전한 형태였습니다.

마지막 네 번째로는, 세계교회의 국제적 총회 즉 '한 분 예수 그리스도를 고백하는 모든 각국의'(of all and diverse nations professing one Jesus Christ) 모임을 언급하고 있는데, 이것은 단지 명칭으로만 존재할 뿐 실제적인 장로회국제대회는 장로교 역사상 단 한번도 없습니다. 물론 세계장로교의 국제적 연대를 위한 모임은 개최되어왔습니다. 오늘날에는 외국의 자매교회를 총회 석상에 초대하여 연대와 친목을 도모하는 정도의 모임으로 변화했다고 볼 수 있습니다.

Q. 장로교는 어디서 어떻게 탄생하게 되었습니까?

Q. 스코틀랜드의 「제1치리서」와 「제2치리서」는 어떤 차이점이 있습니까?

Q. 교회정치체제에서 장로제도와 감독제도의 차이점은 무엇입니까?

Q. 영국 왕들이 장로제도보다 감독제도를 더 선호한 이유는 무엇입니까?

기독교 사용 설명서 1 │ 종교개혁

제7장
종교개혁의 결과와 한계

제7장
종교개혁의 결과와 한계

1546년의 두 사건

루터의 죽음과 슈말칼덴 전쟁

종교개혁의 한계는 1530년대의 잠복기를 거쳐 1540년대에 이르러 신학적으로 뿐만 아니라, 정치적으로도 분명하게 나타나기 시작했습니다. 유럽대륙에서 종교개혁으로 인한 정치적 분리는 카를 5세가 종교개혁을 지지하는 모든 진영을 향해 로마가톨릭교회의 신앙으로 복귀하도록 명령한 1531년 4월 15일에 보다 명확해졌습니다. 황제가 1530년 10월에 아우구스부르크 제국회의를 소집한 자리에서 종교개혁자들이 작성하여 제출한 모든 신앙고백서를 거부했기 때문에 이에 대항하기 위해 종교개혁을 지지한 독일의 영주들 중심으로 맺어진 1531년 2월의 슈말칼덴동맹은 이미 그와 같은 정치적 분열의 전조였습니다. 루터는 초기에 정치적 무력저항을 반대했으나 이 동맹을 지지하기 위해 부당하고 불의한 권력에 대한 저항권이 정당함을 주장했습니다.

1540-41년 동안 3번 모였던 종교개혁자들과 로마가톨릭 신학자들 사이의 담화가 결국 종교개혁과 로마가톨릭교회 양 진영 모두에 의해 거부됨으로써 무위로 끝났다는 사실은 분리된 교회공의회를 통해 두 진영을 통합하려고 했던 황제 카를 5세의 계획이 실패로 돌아갔다는 의미였습니다. 이 계획이 무산되자 황제는 자신의 꿈을 이루기 위한 최후의 수단인 무력으로 제국을 통합할 새로운 계획을 세웠습니다. 슈말칼덴동맹의 맹주 역할을 하고 있던 헤세의 영주 필립 백작이 사형에 해당하는 중혼을 했다는 사실을 알게 된 황제는 그것을 빌미로 더 이상 슈말칼덴동맹에 다른 영주나 제후들을 가입시키지 못하도록 필립 백작을 성공적으로 위협할 수 있었습니다. 이러한 황제의 성공은 슈말칼덴동맹의 위축과 개신교 확산의 중지라는 결과를 야기했습니다.

이러한 재앙은 필립의 중혼에 대한 신학적인 면죄부를 마련해주기 위해 루터와 부서와 멜랑흐톤이 신중하지 못하고 일관성 없는 성경해석에서부터 이미 예고된 것이었는지도 모릅니다. 이 사건은 원칙을 무시하고 상황에만 근거한 신학이 얼마나 엄청난 대참사를 불러올 수 있는지 잘 보여줍니다.

황제는 1544년에 프랑스와는 크레피(Crépy)평화협정을 맺고 로마교황과는 새로운 동맹을 체결한 후, 비밀거래로 작센의 모리츠(Moritz) 공작을 매수하는 데 성공하여, 종교개혁 진영의 동맹이 약화되자 전쟁을 일으킬 명분을 찾게 되었습니다. 그 빌미가 바로 트렌토(Trento)공의회였습니다. 트렌토공의회는 1545년 3월 15일로 예정되었으나 실제로는 12월 13일에야 개최되었습니다. 황제는 교황이 소집한 이 공의회에 슈말칼덴동맹에 가담한 정치세력이 공의회 참석을 거부하고 저항하려는 태도를 취하기만을 기다렸습니다. 황제의 예상대로 종교개혁 진영의 영주와 제후 및 도시들은 공의회 개최 장소가 독일이 아니라는 점을 들어 참석하기를 거부했고 교황권에 정면으로 도전장을 던졌습니다. 기다렸다는 듯이 황제 카를 5세는 1546년에 전쟁을 일으켰는데, 이것이 저 유명한 슈말칼덴 전쟁입니다. 이 전쟁은 교황과 동맹을 맺은 황제군과 종교개혁을 지지하는 슈말칼덴 동맹군 사이에 벌어진 신성로마제국 전체의 최초 종교전쟁이었습니다.

선제후의 자리를 얻기 위해 슈말칼덴 전쟁에서 황제 편으로 돌아선 작센의 공작 모리츠의 배신행위는 슈말칼덴 동맹국에게 엄청난 충격적이었습니다. 전쟁은 결국 황제군의 승리로 마무리되었습니다. 종교개혁 진영은 1547년 4월 24일 뮐베르크(Mühlberg) 전투에서 대패함으로써 슈말칼덴동맹을 이끈 두 맹주, 즉 작센의 선제후 요한 프리드리히와 헤세의 영주 필립이 포로로 잡히는 비참하고도 씁쓸한 결말을 맞을 수밖에 없었습니다. 루터는 슈말칼덴 전쟁이 발발하기 직전인 1546년 2월 18일에 사망했기 때문에 살아서 그와 같은 비참한 경험을 하지 않을 수 있었습니다. 안타깝게도 이 패배로 인해 모든 슈말칼덴동맹에 참여한 제후와 영주 및 도시들은 1548년에 황제가 제시한 아우구스부르크 임시안(Interim)을 무조건 수용할 수밖에 없었습니다. 이 임시안은 성찬의 이종배찬과 사제의 결혼만 허락하고 나머지 모든 조항이 로마가톨릭교회의 교리와 관습에 부합하는 내용이었습니다.

이 전쟁은 16세기 종교개혁운동의 판세와 방향을 뒤바꾼 결정적인 사건이었습니다. 이 전쟁은 로마제국 전체를 폐허로 만든 기나긴 종교전쟁의 출발점이었습니다. 이 전쟁에서 종교개혁 진영의 연합군, 즉 슈말칼덴동맹군의 패배는 곧 종교개혁운동을 유럽 전역으로 확산시킬 수 있는 기회와 동력의 상실을 의미하는 것이었습니다. 이 전쟁의 과정과 결과는 루터에게서 시작된 독일 중심의 종교개혁운동이 이후 사분오열된 개신교의 모습으로 정착하게 될 예고편과 같은 것이었습니다.

1546년의 두 사건, 루터의 죽음과 슈말칼덴 전쟁의 발발은 종교개혁운동의 한계였다고 해도 과언이 아닐 것입니다. 많은 종교개혁자들은 이 전쟁에서 패배한 결과를 하나님의 심판으로 간주했습니다. 즉 종교개혁 진영의 지도자들이 하나님께서 시작하신 종교개혁을 성경 말씀에 따라 진지하고 신속하고 순수하게 받아들이지 않고, 자구적이고 느슨하게 입맛대로 수용했기 때문에 패배했다고 생각했습니다. 그래서 스트라스부르의 부서와 같은 종교개혁자는 전쟁의 패배를 하나님의 경고인줄 알고 회개해야 한다고 외쳤습니다. 하지만 슈말칼덴 전쟁에서 패배한 이후 개신교 진영 어디에서도 회개운동은 일어나지 않았습니다. 종교개혁 진영의 정치 지도자들은 임시안을 받아들이지 않을 경우 당하게 될 황제의 보복만 두려워했을 뿐, 전쟁의 결과를 놓고 하나님의 의중과 의도를 진지하게 살피고 스스로 반성할 여유가 없었습니다. 회개와 반성 없는 종교개혁운동은 점점 루터가 의지했던 하나님과 하나님의 말씀보다는 군사력과 동맹세력에 더욱 의존하는 전쟁으로 변질되는 불행한 역사를 겪어야 했습니다.

1555년 아우구스부르크 종교평화협정

종교개혁 성장의 불행한 종결

작센의 공작 모리츠의 배반은 1546년에 발생한 슈말칼덴 전쟁에서 종교개혁 진영이 패배하게 된 결정적인 원인이었습니다. 그런데 배반의 대가로 황제가 그에게 작센의 선제후 자리를 제시했는데 그 자리를 얻게 된 모리츠는 약삭빠르게 이번에는 황제를 배반하고 다시 종교개혁을 지지하는 군주들 편에 합류했을 뿐만 아니라, 프랑스 왕 앙리(Henri) 2

세와도 동맹을 맺었는데, 이것은 황제에게 심각한 위협이었습니다. 이런 상황에서 황제는 모리츠에게 선제후 자리를 빼앗긴 작센의 요한 프리드리히(Johann Friedrich)를 설득하여 자신의 적극적인 우군으로 끌어들이려 했으나 뜻대로 되지 않았습니다.

종교개혁을 지지한 제국의 군주들과 도시들은 1547년에 슈말칼덴 전쟁의 패배와 1548년에 그로인한 치욕적인 임시안의 강제 수용을 곱씹으며 절치부심하여 황제 카를 5세와 교황의 세력을 대항하기 위한 결속력을 점차 강화했습니다. 독일에서 황제의 상황은 점점 불리하게 돌아갔습니다. 종교개혁 진영의 동맹 군주들은 다시 돌아온 모리츠를 앞세워 1552년 8월, 파사우(Passau)에서 보헤미아의 왕이자 황제의 동생 페르디난트(Ferdinand)와 협약을 맺는데 성공하였습니다. 모리츠는 자신의 장인 헤세의 영주 필립 백작을 석방하라고 황제를 압박했습니다. 하지만 그는 전쟁에 승리하고도 1553년에 32세의 젊은 나이에 살해됨으로써 온갖 권모술수로 힘겹게 얻은 선제후의 권력을 제대로 누려보지도 못한 채 역사의 뒤안길로 사라져야 했습니다. 선제후 자리를 빼앗긴 작센의 군주 요한 프리드리히는 불행하게도 황제의 포로로 감옥생활을 하는 동안 심신이 허약하여 결국 1554년 3월 3일에 죽음을 맞이함으로써 개신교가 종교의 자유를 얻는 즐거운 순간을 만끽할 수 없었습니다.

황제 카를 5세는 1555년 아우구스부르크 제국종교회의를 소집하여 제국 내에서 종교개혁을 지지하는 세력을 공식적으로 인정하고 그들에게 종교의 자유를 허용했습니다. 이 종교의 자유는 다음과 같은 것이었습니다. '주인이 한 명인 곳에서는 종교도 하나여야 한다'(ubi unus dominus, ibi una sit religio) 이것은 이미 1526년 슈파이어(Speier)제국회의에서도 천명된 종교의 자유입니다. 이것은 1600년 이후에 비로소 일종의 공식이 된 '그 지역의 종교는 그 지역의 지배자에게 속한다'(cuius regio eius religio)는 것을 의미입니다. 따라서 그것은 개개인에게 주어진 종교의 자유가 아니라, 그 지역의 통치자와 정치 지도자에게, 혹은 도시 정부에 주어진 종교의 자유였습니다. 이 평화협정에 따른 종교의 자유가 제국 내의 모든 교회에 대한 교황의 절대적 권위를 부인하는 결과를 가져왔기 때문에 종교개혁 진영의 승리를 의미한다는 사실은 분명했지만 또 다른 불행을 촉발했습니다.

1555년에 허용된 종교의 자유는 내용적으로 1526년의 그것보다 축소된 것이었습니다. 1526년에 슈파이어 제국회의를 통해 허용된 종교의 자유는 로마가톨릭 신앙이 아닌 모든 개신교였던 반면에, 1555년의 아우구스부르크 평화협정은 오직 루터교도들에게만 종교의 자유를 허용했습니다. 따라서 그것은 개신교 전체를 위한 진정한 평화를 가져오지 못했습니다. 오히려 개신교 내부, 즉 루터교회와 개혁교회 사이에 던져진 불화와 분열의 도화선이었습니다. 왜냐하면 그 평화협정은 군사적인 힘으로 얻어진 인위적인 것이었을 뿐만 아니라, 1530년의 「아우구스부르크 신앙고백서」를 받아들인 루터교도만을 위한 편향된 것이었기 때문입니다. 개혁교도를 제외한 평화협정이었기 때문에 이때부터 루터교도와 개혁교도 사이의 신앙고백에 근거한 대립과 반목이 본격적으로 시작되었던 것입니다. 권력에 의한 힘의 논리는 힘없는 신앙의 동지들을 향한 하나님의 은혜와 사랑을 인정하지 않고 오히려 냉정하게 거부했습니다. 이처럼 포용적이지 못한 평화협정은 정작 살려야 할 종교개혁의 불씨는 약화시키고 개신교 동지들 사이에 증오와 반목을 불러일으키는 이상한 불씨로 변질되었습니다.

1555년 아우구스부르크 제국종교회의의 충격으로 황제

카를 5세는 황제 카를 1세처럼 로마제국 전체의 강력한 최고 통치자가 되려고 했던 자신의 꿈을 접고 1556년에 황제의 자리를 동생에게 물려주고 맙니다. 종교개혁운동에 결정적인 치명타를 가한 것은 모두 독일 최남단의 도시들 가운데 하나인 아우구스부르크에서 이루어졌다고 해도 과언이 아닙니다. 왜냐하면 황제 카를 5세가 친히 소집한 3번의 제국회의, 즉 1530년, 1548년, 그리고 1555년의 제국종교회의가 바로 그곳에서 개최되었기 때문입니다. 1530년에 로마가톨릭 신앙 이외의 어떤 신앙고백도 불허함으로써 통일제국의 건설을 향한 황제의 꿈은, 1547년에 슈말칼덴전쟁에 승리하고 1548년에 제국 전체에 황제의 임시안을 강제 수용하게 함으로써 이루어지는 듯했으나, 1555년에 개신교 지지자들에게 종교의 자유를 허락하지 않을 수 없게 된 순간 산산이 사라져버렸습니다. 샤를마뉴 즉 카를 대제처럼 제국을 통일하여 명실상부한 최고의 통치자가 되려던 꿈이 실현 불가능하다는 사실을 황제는 1555년에야 비로소 깨달았습니다.

황제가 이러한 깨달음을 얻기까지 걸린 세월은 자그마치 36년이었습니다. 36년 동안 일국의 절대 권력자가 시대를 잘못 읽고 자신의 헛된 꿈을 이루기 위해 전력 질주한 결과는 제국을 종교 갈등으로 분열시켰을 뿐만 아니라, 다가올 길고도 소모적인 종교내전의 길로 몰고 가는 꼴이 되고 말았습니다. 그가 자신의 권력 욕구를 내려놓고 자신에게 주어진 권력을 하나님 앞에서 조금만 더 신중하고 지혜롭게 살폈더라면 아마도 유럽의 신성로마제국은 내전을 겪지 않고도 종교개혁을 통해 기독교세계 전체의 개혁이라는 대업을 성공적으로 완성했을지 모릅니다. 사실 카를 5세는 매우 똑똑한 황제였음에도 불구하고 실현 불가능한 욕망 때문에 자신의 권력을 잘못된 방향으로 사용하는 바람에 자신뿐만 아니라, 제국 전체를 망가뜨리는 결과를 초래했습니다. 이런 일은 오늘날에도 한 나라에서, 한 교단교회에서, 또한 한 지역교회에서 얼마든지 반복될 수 있는 불행입니다.

다양한 개혁주의신앙고백의 탄생

16세기 최초의 공적인 개혁주의신앙고백은 아마도 1530년에 작성된 「4개도시신앙고백」(Confessio Tetrapolitana)일 것입니다. 이 신앙고백은 루터파 신학자들에 반대하여 1530년 아우구스부르크 제국회의에 제출하기 위해 독일 남부의

4개 도시 즉 스트라스부르(Strasbourg), 콘스탄츠(Konstanz), 메밍겐(Memmingen), 린다우(Lindau) 등이 공동으로 작성한 것이었습니다. 이때 츠빙글리도 '신앙의 이유'(Fidei ratio)라는 자신의 신앙고백을 작성하여 황제에게 제출하였으나, 황제가 종교개혁 진영에서 작성된 것 가운데 멜랑흐톤이 작성한 루터파 신앙고백 이외에는 아무것도 낭독하도록 허락하지 않았기 때문에 종교개혁 진영의 모든 노력은 소득 없는 헛수고였습니다.

4개 도시 신앙고백서는 비록 로마가톨릭 신학자들에 의해 이단 문서로 거부되었을 뿐만 아니라, 종교개혁을 지지하는 정치 지도자들 사이에 황제에 대항한 슈말칼덴 동맹이 아우구스부르크 신앙고백을 중심으로 채결됨으로써 무용지물이 되었지만, 내용적으로 로마가톨릭적인 것도, 루터적인 것도 아니며, 심지어 츠빙글리의 그것과도 구별되는 개혁주의 특징을 가진 최초의 공적인 신앙고백 문서라는 점에서 의미가 있습니다.

이후 국가 단위의 개혁주의신앙고백으로는 「프랑스 신앙고백」이 1559년에 불어로 작성되었고 1년 뒤인 1560년에 「스코틀랜드 신앙고백」이 영어로 출간되었으며, 1561년에는 벨기에 신앙고백으로 불리는 「네덜란드 신앙고백」이 출간되었습니다. 한 지역이나 도시 단위로는 각양각색의 다양한 개혁주의 신앙고백이 우후죽순처럼 쏟아져 나왔습니다. 예컨대 1534년에 스위스 도시 바젤 시가 인정한 「바젤 신앙고백」이나, 1536-1537년에 칼뱅이 작성하여 제네바 시가 수용한 「제네바 신앙고백」 등이 대표적입니다. 제1바젤신앙고백」은 외콜람파디우스가 죽기 전에 작성한 것으로 그의 후계자인 미코니우스(Myconius)와 그리나에우스(Grynaeus)에 의해 다듬어져 1534년 바젤 시 의회에 제출한 것을 바젤 시 의회가 승인함으로써 탄생했습니다. 12조항으로 구성된 매우 간략한 신앙고백인데, 1537년에 뮐하우젠 시가 받아들임으로 '뮐하우젠 신앙고백'으로도 불립니다.

1536년, 스위스와 독일 남부에 위치한 독일어권 개혁주의 도시들은 연합을 위해 바젤 시에서 모임을 가졌고, 이 때 몇몇 개혁주의 신학자들에게 신앙고백을 작성하게 했는데, 각 도시의 대표자들이 작성된 문서에 서명함으로써 새로운 개혁주의 신앙고백이 탄생했습니다. 이 신앙고백은 바젤에서 만들어졌기 때문에 '제2바젤신앙고백'으로도 불리지만, 오히려 '제1스위스신앙고백'으로 더 잘 알려져 있습니다. 스위스 도시 바젤은 1536년에 루터와 부서 사이에 합의된 문서 「비텐베르크일치신조」를 수용하지 않았을 뿐만 아니라, 1566년에 출간된 「제2 스위스신앙고백」 조차도 받아들이지 않았습니다.

16세기 작성된 개혁주의신앙고백 가운데 유럽 전 지역의 개혁교회에 가장 널리 알려진 신앙고백으로는 1566년에 출간된 「제2스위스신앙고백」을 꼽을 수 있습니다. 이 신앙고백은 사실 취리히 종교개혁자 하인리히 불링거(Heinrich Bullinger)가 1561년에 개인적인 용도로 만들기 시작한 것인데, 선제후 지역 팔츠에 루터파 대신에 개혁파를 수용한 팔츠 선제후 프리드리히 3세가 불링거에게 팔츠를 위한 신앙고백을 작성해 달라고 요청한 결과 공적인 신앙고백으로 탄생하게 된 것이 「제2스위스신앙고백」입니다. 이 신앙고백의 원본은 라틴어로 작성되었고 불링거가 직접 번역한 독어 번역본과 함께 출간되었습니다.

1530년에 츠빙글리가 그랬던 것처럼 16세기 종교개혁자들에게는 특별한 목적이나 개인적인 용도로 신앙고백을 작성하는 일이 빈번했습니다. 특히 테오도르 베자(Theodore Beza)를 대표적인 인물로 꼽을 수 있습니다. 베자는 1559년에 설립된 제네바아카데미의 초대 학장이었고 1564년에 눈을 감은 제네바 종교개혁자 칼뱅의 후임으로 제네바 종교개혁을 이어간 16세기 대표적인 개혁주의 신학자였습니다. 그는 1546년에 아버지를 위해 「기독교 신앙고백」(Confession de la foy chrestienne)을 불어로 작성했습니다. 이 신앙고백은 매우 장황한 내용으로 구성되었고 1559년에 처음으로 출간되었으며 1560년에는 라틴어로 번역되기도 했습니다. 이것은 '삼위일체'로 시작하여 '교회'라는 주제로 마무리하는데, 16-17세기에 작성된 개혁교회의 신앙고백 가운데 아마도 가장 긴 내용의 신앙고백일 것입니다.

흔히 17세기를 '신앙고백의 시대'라고 합니다. 하지만 17세기보다는 오히려 16세기에 훨씬 많은 신앙고백이 다양하게 탄생했습니다. 16세기는 국가나 지역 혹은 도시 단위의 공적인 신앙고백뿐만 아니라, 심지어 개인에 의해서도 자유롭게 신앙고백이 작성되었던 신앙고백의 전성시대였습니다. 종교개혁시대의 이와 같은 다양한 신앙고백은 결국 양날의 칼이었습니다. 왜냐하면 한편으로는 로마가톨릭교회를 대항할 수 있었던 종교개혁의 원동력이었지만, 동시에 다른 한편으로는 종교개혁을 약화시킨 개신교 분열의 주

범이었기 때문입니다.

자신의 성경해석과 신학을 지나치게 고집하고 다른 사람에게 강요하는 것은 16세기뿐만 아니라, 어느 시대에도 교회를 세우기보다는 해치고 허무는 원인이 될 가능성이 농후합니다. 그리스도인이라면 누구나 진리 안에서의 견해 차이는 연합을 위한 다양성으로 수용하되, 진리에 반하는 거짓은 호리라도 남김없이 소멸해야 할 주적이라는 사실을 알아야 합니다. 별 것 아닌 견해 차이에 대해서는 눈에 불을 켜고 덤비면서 정작 진리를 무너뜨리는 거짓에 대해서는 눈을 감고 사는 이상한 모습이 오늘 우리의 현실이 아닌지 깊이 반성해보아야 할 것입니다.

로마서 1: 17에 근거한 이신칭의(以信稱義) 교리는 종교개혁을 통해 재발견된 기독교 교리입니다. '오직 믿음으로만'(sola fide)이라는 구호는 16세기 이후 이신칭의 교리로 잘 알려져 있습니다. 루터가 가르친 이신칭의 교리의 핵심은 오직 믿음으로만 의롭게 되고 구원을 받는다는 것입니다. 이 교리를 위한 핵심 성경구절은 이렇습니다.

"오직 의인은 믿음으로 말미암아 살리라"(롬 1:9).

"사람이 의롭게 되는 것은 율법의 행위로 말미암음이 아니요, 오직 예수 그리스도를 믿음으로 말미암는 줄 알므로 우리도 그리스도 예수를 믿나니 이는 우리가 율법의 행위로써가 아니고 그리스도를 믿음으로써 의롭다 함을 얻으려 함이라. 율법의 행위로써는 의롭다 함을 얻을 육체가 없느니라"(갈 2:16).

그런데 오늘날 믿음으로 구원 받는다는 가르침을 오해하는 사람들이 많습니다. 하나님을 믿는다고 저절로 성인군자가 되는 것은 아닙니다. 영적인 성인군자는 믿음 안에서 율법을 지키는 과정을 통해 만들어지는 것입니다.

첫 번째 오해는 '오직 믿음'의 교리가 사람의 선행을 배제 한다는 주장입니다. 이런 오해는 신약 신학자들 특히 새 관점 학파로 알려진 샌더스(E.P. Sanders), 제임스 던(James Dunn), 그리고 톰 라이트(Tom Wright) 등의 엉뚱한 주장을 통해 반복됩니다. 단 한 번의 참된 믿음으로 구원을 받을 수는 있겠지만 한 번의 믿음으로 구원의 모든 것을 한꺼번에 소유할 수는 없습니다. 왜냐하면 아직 이루어가야 할 구원이 남아 있기 때문입니다. 구원의 열매인 선행을 구원과 무관한 것으로 여길 때 이신칭의 교리는 '개신교의 새로운 교리적 면죄부'(a new doctrinal indulgence of the Protestant Churches)로 변질되기 십상입니다. 이것이 '예수천당'이라는 구호의 폐해입니다.

성경은 믿음과 선행을 구분하지만, 분리하지는 않습니다. 야고보서는 믿음을 두 종류, 즉 행함이 있는 믿음과 행함이 없는 믿음으로 구분하고 '행함이 없는 믿음'을 '그 자체가 죽은 것'이요, '귀신들도 믿고 떠'는 종류의 '헛것'이라고 규정합니다. 그리고 결론 내립니다. '믿음이 그의 행함과 함께 일하고 행함으로 믿음이 온전하게 되었느니라. 이에 성경에 이른 바 아브라함이 하나님을 믿으니 이것을 의로 여기셨다는 말씀이 이루어졌고 그는 하나님의 벗이라 칭함을 받았나니, 이로 보건대 사람이 행함으로 의롭다 하심을 받고 믿음으로만은 아니니라'(약2:22-24). 이처럼 구원하는 믿음은 성화로 간주되는 인간의 모든 선행을 배제하지 않습니다. 오히려 참된 믿음의 신자라면 반드시 선행이라는 삶의 열매를 맺게 되어 있습니다. 그래서 예수님도 선한 나무는 선한 열매로 알 수 있다고 말씀하신 것입니다.

하지만 '믿음으로 의롭게 된다'는 이신칭의 교리를 발견한 루터는 야고보서의 '행위로 받는 구원'이 바울 사도의 가르침과 조화되기 어려운 것으로 보았습니다. 그래서 야고보서가 정경이라는 사실이 몹시 못마땅하여 '지푸라기 서신'이라 부르기도 했습니다. 하지만 바울 사도는 '두렵고 떨림으로 너희 구원을 이루라!'고 가르칩니다. 루터조차도 단 한 번의 믿음으로 구원의 모든 것이 이루어진다고 보지는 않았습니다. 그는 그리스도를 구주로 믿고 구원받은 신자의 상태를 겨우 죽을 고비를 넘긴 중환자에 비유하면서 믿고 구원받는 그 순간부터 영혼의 의사이신 그리스도의 말씀을 철저하게 순종해야 한다고 강조했습니다.

'오직 믿음'의 핵심은 그리스도의 공로만이 인간의 구원을 위한 유일하고 충분한 가치라고 인정하는 것입니다. 하나님께서 의로우신 그리스도의 공로 외에 다른 어떤 전제 조건 없이 죄인인 우리를 의롭게 만드십니다. 즉 구원이란 오직 하나님의 사랑과 은혜의 결과이지, 인간의 어떤 선행을 조건으로 삼지 않는다는 뜻입니다. '너희가 그 은혜를 인하여 믿음으로 말미암아 구원을 얻었나니 이것이 너희에게서 난 것이 아니요, 하나님의 선물이라.'(엡2:8). 이 말씀이 이신칭의 교리의 핵심 내용입니다. 믿어서 의롭게 되는 구원은 하나님의 은혜요 선물입니다. 따라서 구원을 위한 자랑거리는 십자가 외에 아무것도 없습니다.

스트라스부르 종교개혁자 부서(Martin Bucer)와 제네바의 종교개혁자 칼뱅은 칭의와 성화의 분리 현상을 개탄하면서 반대했던 대표적인 사람들입니다. 칼뱅에 따르면 칭의와 성화는 마치 동전의 양면처럼 하나 없이는 결코 다른 하나도 존재할 수 없습니다. 반드시 칭의가 앞서는 원인이고 성화는 뒤따르는 결과이며, 이러한 원인과 결과의 역순은 결코 성립될 수 없다는 것입니다. 성화를 인간의 선행으로 정의한 칼뱅은 칭의와 성화가 반드시 구분되어야 하겠지만 결코 분리되어서는 안 된다고 강조했습니다. 선행 즉 성화가 따르지 않는 칭의는 없습니다. 따라서 믿음으로 의롭게 된 신자의 삶은 반드시 선행의 열매를 맺게 됩니다.

이신칭의 교리의 시조 루터조차도 열매 없는 믿음, 즉 성화 없는 칭의를 가르치지 않았습니다. 왜냐하면 그는 행위가 뒤따르지 않는 믿음을 '가공된 믿음'(ficta fides) 즉 죽은 믿음이라고 주장했기 때문입니다. 루터가 염려하고 격렬하게 반대한 것은 칭의와 성화를 뒤섞어버림으로써 마치 구원이 하나님과 사람의 합작품인 것처럼 가르친 중세 천주교의 구원 교리 즉 신인협동설이었습니다. 루터는 구원을 사람의 어떤 공로도 포함되지 않고 순수하게 그리스도의 공로 덕분에 받아누릴 수 있는 것이요, 오직 하나님의 은혜라고 주장했습니다. 그러므로 종교개혁자들이 가르친 이신칭의 교리, 즉 오직 믿음으로만, 오직 은혜로만 구원 받는다는 교리는 결코 사람의 선행 즉 성화 교리를 배제하지 않습니다.

왜곡된 이신칭의

건전한 이신칭의 교리를 개신교의 새로운 교리적 면죄부로 전락시킨 두 번째 오해는 믿음을 개인의 자유의지에 따른 결단, 즉 결심으로 간주하는 것입니다. 물론 믿음에는 분명 확신(assurance)의 요소가 있습니다. 하지만 기독교 신앙과 개인의 신념은 서로 다릅니다. 구원하는 믿음과 개인적 확신을 동일시할 수는 없습니다. 결정적인 요소가 개인의 확신에서는 주관적일 수밖에 없지만 구원하는 믿음에서는 객관적이어야 하기 때문입니다. 구원하는 믿음의 객관적 요소는 하나님의 말씀인 성경입니다. 성경에 근거하지 않는 믿음은 기독교 신앙이 아니라는 뜻입니다.

혹자는 개인을 위한 이신칭의 교리 위에 세워진 개신교

를 개인주의의 천국으로 이해합니다. 이유는 이 교리가 개인의 신앙고백인 믿음을 절대화함으로써 교회의 공동체성을 희생양으로 삼았기 때문이라는 것입니다. 어쩌면 이런 평가는 오늘날 한국교회의 현상에 대한 가장 날카로운 지적 가운데 하나일지 모릅니다. 하지만 이 교리가 본래 그와 같은 개인주의를 조장할 의도를 가지도 있었던 것은 아닙니다. 나아가 정상적인 개혁주의라면 이신칭의 교리를 개인주의의 도구로 왜곡할 가능성은 사실상 희박합니다. 그럼에도 불구하고 개혁주의를 표방하는 한국의 거의 모든 장로교회가 개인주의적인 교회론을 가르치고 있다는 것은 부정하지 못할 안타까운 현실입니다.

최권능 목사로 더 잘 알려진 최봉석 목사의 '예수천당 불신지옥'이란 구호는 어느 시대를 막론하고 진리임에 분명합니다. 그러나 이 진리는 이신칭의 교리에 대한 개인주의적 이해와 더불어 한국교회를 일그러뜨리는 왜곡된 모습으로 나타났습니다. '당신은 구원받았습니까?'라는 질문이 한 때 대학선교단체인 CCC를 통해 80년대 한국교회를 강타했는데 이 질문 역시 이신칭의 교리와 예수천당이란 구호와 무관하지 않습니다. 지금까지 한국교회는 저 교리와 구호를

기독교 사용 설명서 1 종교개혁

개인의 구원에 초점을 맞춘 전도 전략의 모티브로 활용함으로써 폭발적인 교회 부흥을 경험할 수 있었습니다. 한마디로 이신칭의 교리와 예수천당 구호의 만남은 한국교회를 성장시키는 황금알이었습니다.

지금도 여전히 교회 부흥이란 황금알은 형태상 성경공부, 다양한 전도 프로그램, 전도 집회, 다양한 수련회 등을 통해 부화되기를 바라고 있습니다. 교회 부흥은 곧바로 하나님 나라의 확장으로 통합니다. 우리는 이 하나님 나라의 확장을 위해서라면 어떤 수단과 방법을 동원해도 좋다고 생각합니다. 이유는 하나님 나라의 확장이야말로 하나님께서 가장 바라고 소원하시는 것이라고 믿기 때문입니다. 그래서 자기 교회의 부흥을 위해서라면 이웃교회는 안중에도 없는 것입니다.

전도라는 미명 아래 서로를 경쟁 상대로 삼는 것이 당연하기라도 하듯 외치는 각 교회 강단의 소리에 청중들은 너무나도 쉽게 그리스도의 몸인 교회가 하나라는 사실을 망각하고 맙니다. 그래서 지역교회는 가까운 이웃교회일수록 경계심을 갖게 되는데, 이 경계심은 시간이 흐를수록 미움과 적대감으로 쉽게 변질됩니다. 이것이 우리 한국교회의 현실이요 민낯입니다. 왜 이렇게 되었을까요? 교회가 천상적이든 지상적이든 하나님 앞에 있는 교회(ecclesia coram Deo) 즉 '그리스도의 몸은 오직 하나'라는 성경의 가르침에 귀를 기울이지 못했던 것만은 사실입니다. 바울 사도는 '그리스도를 머리로 모신 몸 즉 교회는 하나다!'라는 사실을 거듭 강조합니다. 그런데 마치 세포분열 하듯이 분리를 밥 먹듯이 해온 한국교회가 하나이기는 고사하고 영원히 하나가 될 수 없는 것처럼 보이는 현실은 참으로 안타깝습니다. 더욱 안타까운 것은 그와 같은 교회 분쟁과 분열의 실제 원인이 교회의 본질과는 무관하고 대부분 부패한 인간 본성의 욕심과 이로 인해 복잡하게 얽힌 이해관계라는 사실입니다.

'너희 중에 싸움이 어디로, 다툼이 어디로 좇아 나느뇨? 너희 지체 중에서 싸우는 정욕으로 좇아 난 것이 아니냐?'(약 4:1)고 반문하는 야고보 사도의 말에 귀를 기울여야 할 시대입니다. 교회 갈등의 주요 원인은 어쩌면 전도와 하나님 나라의 확장이라는 이름으로 포장된 인간적인 '욕심'이 아닐까요? 한국교회가 전도라는 미명아래 감추고 있는 인간적인 욕심을 버리고 사도교회와 초대교회의 초심, 즉

'교회는 하나이며 그 머리도 하나'라는 성경의 근원적 교회론으로 돌아갈 수만 있다면 아귀다툼 같은 지역교회들 사이의 갈등과 분쟁은 오히려 격려와 협력으로 바뀌지 않을까요?

이신칭의 교리를 포기할 수는 없습니다. 하지만 이 교리를 더 이상 우리 자신의 욕심을 포장하는 포장지로 사용하지는 말아야 합니다. 믿음으로 구원 받는다는 이신칭의 교리는 분명 성경의 가르침입니다. 또한 구원 받은 하나님의 백성 한 사람 한 사람은 결코 따로 국밥이 아니라, 서로 한 몸을 이룬 공동체라는 것도 성경의 가르침입니다. 우리 각자는 그리스도를 구주로 받아들이자마자 그분의 몸의 지체, 즉 많은 지체 가운데 하나가 됩니다. 몸에서 한 지체는 다른 지체 없이 존재할 수 없습니다. 이것은 다른 교회가 없고 다른 교회의 성도가 없다면 우리 교회도 없고 우리 교회의 성도도 없다는 뜻입니다. 천국이 하나이듯이 하나님의 교회도 하나입니다. 지상교회가 아무리 불완전해도 그리스도의 몸, 한 몸의 일부입니다. 정상적인 역할을 수행하지 못할수록 다른 지체의 도움이 더욱 절실하게 필요하지 않을까요? 크든 작든 지상교회 가운데 완전한 교회는 없습니다.

모든 지상교회가 불완전하기 때문에 서로를 돕고 돌볼 때 가장 아름다운 하나의 교회로 세상의 빛이 될 것입니다.

Q. 1540년대 종교개혁의 한계는 어디서 찾을 수 있습니까?

Q. 1555년 아우구스부르크 종교평화협정의 의의는 무엇입니까?

Q. 16세기에 작성된 개혁주의 신앙고백서들은 무엇입니까?

Q. 이신칭의에 대한 오해는 무엇입니까?

나가며

    1517년 10월 31일, 신학적인 토론을 제안하는 루터의 「95개 조항」은 사실상 중세 로마교회의 교리가 성경적으로 지지를 받지 못할 뿐만 아니라, 성경의 가르침에 위배된다는 점을 지적한 내용입니다. 즉 루터는 「95개 조항」을 통해 중세의 잘못된 기독교 교리를 바로 잡아야 한다고 소리쳤습니다. 예컨대, 성경의 회개는 고해성사를 의미하지 않는다는 것, 교황에게는 죄를 용서할 수 있는 권한이 없을 뿐만 아니라 모든 형벌을 사면할 어떤 권한도 없다는 것, 면죄부 판매는 형벌로부터 해방될 수 있는 것처럼 사람들을 속이는 기만행위라는 것, 진정으로 회개하는 그리스도인은 면죄부 없이도 자신의 형벌과 죄로부터 완전한 자유를 누릴 수 있다는 것, 참된 그리스도인이 예수님과 교회의 모든 유익에 참여하는 것은 면죄부 없이 하나님의 의로 말미암아 가능하게 된다는 것, 면죄부로는 결코 구원받을 수 없다는 것, 면죄부 판매가 탐욕의 결과이며 돈을 긁어모으는 수단이라는 것 등을 지적했습니다.

「95개 조항」의 토론문에서 루터가 주로 비판하는 교리는 '면죄부'와 '교황'입니다. 여기서 루터는 면죄부 판매의 부당성을 지적할 뿐만 아니라, 교황이 그리스도의 지상대리자라는 중세교회의 주장을 거부합니다. 1518년 4월에 루터는 자신이 속한 아우구스티누스 수도회 총회에 참석하여 '하이델베르크 논제'를 발표했는데, 이 논제를 흔히 루터의 '십자가 신학'이라고 부릅니다. 여기에서 이신칭의 사상이 분명하게 드러납니다. '하나님의 율법은 삶의 가장 건전한 지침이지만 사람을 의의 길로 가게 할 수는 없으며 오히려 그렇게 하는 것을 방해합니다. … 많이 행하는 사람이 의로운 것이 아니라, 행위가 없어도 그리스도를 굳게 믿는 사람이 의로운 것입니다.'

기독교 '교리'란 기독교의 주요한 '가르침'을 의미합니다. 루터가 원했던 것은 잘못된 교리의 개혁이었는데, 이것이 종교개혁이 되었던 것입니다. 하지만 교리의 개혁은 단순히 '가르치는 이론'만의 문제가 아니라, '신앙적인 행위'의 문제이기도 했습니다. 종교개혁은 교리의 개혁으로부터 시작하여 삶의 개혁으로까지 확대된 운동입니다. 즉 종교개혁은 먼저 기독교 교리를 회복하는 운동이었고, 이 교리에 일치하는 그리스도인다운 삶을 회복하는 운동이었습니다. 한마디로 진정한 기독교 신앙의 회복운동이 종교개혁이었습니다.

칼뱅은 교리(doctrina), 즉 성경의 가르침을 기독교의 영혼, 교회의 영혼이라고 말했습니다. 이렇듯 칼뱅에게 교리 없는 기독교는 영혼 없는 몸과 같은 것이었습니다. 또한 그는 교회 건설을 위해 기독교 교리가 얼마나 중요한지 아주 분명하게 상기시켜줍니다. 따라서 교리의 중요성은 아무리 강조해도 결코 지나치지 않습니다. 한국교회가 병들어 가고 있는 현상도 건전한 교리의 부재로부터 시작된 것입니다. 영혼의 양식이 부실하고 상하면 예수님의 몸인 교회가 병들 수밖에 없습니다. 영혼에 공급되어야 할 영적 양식은 영양도 부족하지 않아야 하고 상태도 신선해야 합니다. 그렇게 되려면 성령 하나님의 도우심이 반드시 필요합니다.

기독교 교리는 하나님 중심적입니다. 그러므로 인간 중심적일 수도 없고 인간 중심적이어서도 안 됩니다. 하지만 오늘날 선포되는 설교의 교리는 안타깝게도 하나님 중심적이기보다는 청중 중심적인 경우가 허다합니다. 더 안타까운 것은 이것을 지극히 정상적이고 당연하게 여긴다는 사실입니다. 강단의 설교가 교리적으로 부실하기 때문에 오늘날 이렇게 많은 이단들이 교회를 어지럽히고 위협하는 지경에 이르게 된 것이 아닐까요? 바른 교리 없는 삶은 마치 모래 위에 쌓은 성처럼 높이 쌓을수록 빨리 무너지고 심하게 부서집니다.

그리스도인의 행복한 삶은 교리에서 시작됩니다. 기독교 신앙과 교회는 성경적인 신학과 하나님 중심적인 강단 설교를 통해서만이 든든히 세워져갈 수 있습니다. 물론 교리는 이론이 아닙니다. 기독교 교리는 정적인 것이 아니라 동적인 것입니다. 성경이 살아 있는 하나님의 말씀인 것처럼 기독교 교리도 역시 살아 있을 때 진가를 발휘합니다. 삶을 통해 실천되지 않는 교리는 화려하지만, 생명력 없는 조화(造花)에 불과합니다. 이런 점에서 마르틴 부서의 말은 의미심장합니다. '참된 신학은 경건하고 복되게 살기 위한 지식입니다'(Vera theologia scientia est pie et beate vivendi). 또한 '참된 신학이란 이론적이거나 사변적인 것이 아니라, 활동적이고 실천적입니다'(Vera theologia non theoretica vel speculativa, sed activa et practica est). 개혁주의 신학이 참된 신학이라면 이것은 분명 살아 있는 신학이요 살리는 신학이어야 합니다. 이런 점에서 '모든 그리스도인은 신학자'라는 루터의 가르침을 따라 우리 모두가 신학자가 되어야 합니다.

참고문헌

카우프만, 토마스(Thomas Kaufmann), 『종교개혁의 역사』. 황정욱 역.
　　서울: 도서출판 길, 2017.

오즈맹, 스티븐(Steven Ozment), 『프로테스탄티즘: 혁명의 태동』. 박은
　　구 역. 서울: 혜안, 2004.

스페이커르, 빌럼 판 엇(Willem van 't Spijker), 『루터: 약속과 경험』.
　　황대우 역. 부산: 고신대출판부, 2017.

로퍼, 린들(Ryndal Roper), 『마르틴 루터: 인간, 예언자, 변절자』. 박규
　　태 역. 서울: 복있는사람, 2019.

박경수. 『교회의 신학자 칼빈』. 서울: 대한기독교서회, 2009.

박경수. 『스코틀랜드 교회치리서』. 서울: 장로회신학대학교출판부,
　　2020.

황대우. 『칼빈과 개혁주의』. 서울: 도서출판 깔뱅, 2010.

황대우. 『교회연합운동의 선구자 부써』. 서울: 익투스, 2020.